侧看民国

侧看民國

替时代写生

日记里的胡适

李伶伶——著

黄山书社

图书在版编目（CIP）数据

替时代写生：日记里的胡适 / 李伶伶著 . -- 合肥：
黄山书社，2017.11
ISBN 978-7-5461-6958-3
（侧看民国）

Ⅰ . ①替… Ⅱ . ①李… Ⅲ . ①胡适（1891-1962）- 人
物研究 Ⅳ . ① K825.4

中国版本图书馆 CIP 数据核字（2017）第 299611 号

替时代写生：日记里的胡适
TI SHIDAI XIESHENG: RIJI LI DE HUSHI
李伶伶　著

出 品 人　王晓光
总 策 划　董宁文
责任编辑　徐娟娟　章锐华
装帧设计　观止堂_刘　俊　朱　璇
出版发行　时代出版传媒股份有限公司（http://www.press-mart.com）
　　　　　黄山书社（http://www.hspress.cn）
地址邮编　安徽省合肥市蜀山区翡翠路 1118 号出版传媒广场 7 层 230071
印　　刷　合肥精艺印刷有限公司
版　　次　2018 年 1 月第 1 版
印　　次　2018 年 1 月第 1 次印刷
开　　本　700mm × 1000mm　1/16
字　　数　250 千
印　　张　18
书　　号　ISBN 978-7-5461-6958-3
定　　价　39.00 元

服务热线　0551-63533706
销售热线　0551-63533761
官方直营书店（http://hsssbook.taobao.com）

目　录

自 序

写胡适这样的大家是一件令人愉快的事情，他人生的丰富多彩，就像一口汲之不尽的深井，不同的研究者会有不同的收获，一个研究者在不同时期或从不同角度也往往会有新的发现。

目前所见到的胡适的日记，是他自 1906 年 2 月 13 日开始写的，结束于 1962 年 2 月 21 日，时间跨度长逾半个世纪，总字数粗估在 250 万字以上。

胡适开始记日记时已虚龄十六，并不算早；他的最后一篇日记记于逝世前 3 天，也肯定不是丢笔最迟的人。可是世上像他这样记日记坚持了这么多年的，却凤毛麟角。任何一个普通人，若能以自己一辈子的时间来写一部日记，即便没有意思，也一定是有意义的，因为那是一部独一无二的“历史”著作。何况以胡适在中国现代史上的地位，能留下这么一部皇皇巨“记”，意义自然更非寻常。胡适是中国新文化运动的弄潮儿与代表人物，也是个有情有义、有趣有味的人，所以他写的日记，字面固然饶有意思，行间也很有些意味。这便是我们要从日记看胡适的原因了。读者也将看到一些在胡适以及相关人物的传记中难得一见的事情与景观。

胡适因为很早就“暴得大名”，虽然他为人谦和，与一般名流相比，已相当难得地算是没有架子了，可是名士习气，终究难免一点不沾。他是如曹禺笔下的四凤“知道自己是漂亮的”一样，知道自己在中国历史上是要占一席之地的，所以他在许多时候、做许多事情时，都表现出为留“清名”而有意识地做准备，比如对待他的日记。

常情下，一般人对自己的日记总是锁之唯恐不牢、藏之唯恐不深的，而胡适却将他的日记屡番出借，虽然有所选择，却也是日记史上少有的景观，这种做法也不都被人视为“无话不可对人言”的坦荡。鲁迅就曾批评晚清著名的李慈铭日记《越缦堂日记》的缺点之一便是“生前给人传阅”。

胡适在日记中，总是不惮其烦地在人名之后缀以“先生”字样，恐怕不是为了“慎独”，而是为了防止一朝公之于世，给人留下对人不敬的印象。可见胡适记日记不是单为自己备忘，以及出于自我倾诉的需要。对于这一点，胡适在日记中也曾夫子自道：“日记必须较详细，否则没有多大用处。过略的日记，往往别人不能懂，有时候自己也看不懂。”不仅要让别人懂，更仿佛让别人懂要比叫自己懂还重要些。有天胡适在病中读《越缦堂日记》，因有诗曰：“五十一本日记，写出先生性情；还替那个时代，留下片面写生。”这当然是胡适日记观的绝好反映。胡适在日记中记事较多，直接表达思想与感情较少，这当然也与他知道其日记有朝一日要公布天下有关，他不能一律都毫无忌讳地直言。

笔者虽然在《胡适日记》里踯躅多时，但无意做一本研究日记的专书，而不过是要透过人物的内心独白，张望他半开的心灵之窗，是从日记的视角来打量日记的主人，是在日记中，由对人处事、性情脾气、态度心思、爱憎好恶等拼接成的一个生动的、矛盾的、真实的人。因此，本书可以视为另一种形式的传记。传记的第一要义是表现传主性格，而大概没什么能比日记更能透露一个人性格的密码了。

澄衷学堂纪事

1904年春天，14岁的胡适离开故乡，到上海去念书。他先进了父亲最佩服的朋友张焕纶创办的梅溪学堂，次年又进了宁波富商叶成忠创办的澄衷学堂。胡适一生50余年的日记生涯，就是从澄衷学堂开始的。

澄衷学堂旧址

澄衷学堂创办人叶澄衷

人生导师二哥嗣秬

胡适共有3位同父异母的哥哥。大哥嗣稼比他大22岁，比他母亲冯顺弟还大两岁，在母亲嫁给父亲铁花先生后3天，大哥就娶亲了。胡适的二哥嗣秬与三哥嗣秠是一对孪生子，也只比胡适母亲小4岁，比他大了16岁。

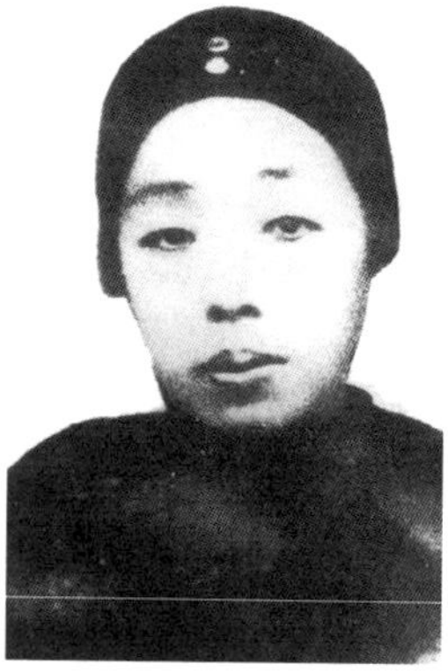

胡适母亲冯顺弟

胡适父亲胡传（字铁花），曾在台湾做官

胡适父亲身后，虽然家庭地位理应胡适母亲最尊，但实际上她在家里得处处看人眼色，时时忍气吞声。胡适小时候就常常早晨在床上被母亲的哭泣声惊醒，虽然随即总有人到房里来赔不是。

年轻的寡母因为生活的悲酸，于是深望儿子能读书成名，在那时叫"嗣穈"的胡适读了好几年家塾之后，她想让他出门求学，有天乘着他二哥三哥都在家里，便向他们试探道："穈今年11岁了，你老子叫他念书。你们看看他念书念得出吗？"嗣秬一言不发，嗣秠冷笑道："哼，念书！"母亲忍气坐了一会，才回到房内独自垂泪。

由于胡适兄弟间年龄相差大，加上父亲过世时，胡适才3岁零8个月，而这44个月里他也并未一直在父亲身边，所以在胡适少小的心目中，极可能父亲倒像是慈祥的爷爷，而他的哥哥们则像威严的叔叔伯伯。

胡适的父亲死后，家里只剩几千两存款，靠存在同乡店里生息过日子。后来店家倒账分摊，胡家分得一点小店业。

胡适的大哥是个不成器的败家子，三哥身体不好，所以店业生意全靠二哥嗣秬打理，家里的财权也就掌握在嗣秬手里。母亲要送儿子出外读书，自然要靠他供给学费，所以求他。

虽然嗣秬当时不曾答应母亲，毕竟也未明确不答应。何况父亲的遗嘱中有“穈儿天资颇聪明，应该令他读书”之语，故而两三年后，胡适的三哥因肺病严重，要到上海治疗，嗣秬同意让胡适同行。

在胡适眼里，二哥“是个有干才的人”，他“往来汉口上海两处，把这点小店业变来变去”，生意渐好。先是在上海南市开了一个公义油栈，后来又吸引他的同学朋友把积蓄存在他的店里，合伙开了一个规模较大的瑞兴泰茶叶店。他二哥与三哥都在梅溪学堂的前身梅溪书院读过，胡适入梅溪学堂也与此有关。嗣秬不仅有才干、有文化，也有见识。胡适在澄衷学堂读书期间，常到二哥的店栈里去看他，将学堂里的事情讲给他听，听取他的意见。嗣秬对此也颇有兴趣。

1906年4月7日

回栈省二兄。二兄为余言学生开会之不合理，反复辩论，惟谓学生者，惟自治会可开，然恃会而自治，其自治之精神亦微乎微矣。

1906年5月13日

返栈，省二兄，二兄为予言办事之要素，及旁论今昔办事之难易，并纵论宋明儒之得失。

澄衷学堂日记扉页

又一天（1906 年 4 月 15 日），胡适去见二哥，说他打算翻译 *Outlines of the World's History*（《世界史纲》），嗣秬不以为然，说：你不如把这时间用来散步和运动，聚集精神以备将来。否则照此付出的多，吸取的少，长此以往，脑力会萎缩的。而且你既然能译，说明你已经懂了这本书了，再翻译，还是这本书的内容，不如用这个时间去读其他新科学书来的收益大，何必虚耗宝贵的时光呢？胡适听从了二哥的劝阻，虽然过后仍不免技痒，时有译书的念头冒出。

1906 年 5 月 8 日

余等近日所读之《国民读本》所论法律之公例甚切，当译之。

1906 年 7 月 25 日

程君士衔读之 Carpenter's *Geographical Reader*（卡彭特的《地理读本》）一书，乃卡氏周游世界时记行之书，甚详尽，且文理亦浅显，因拟与程君合译之。

纵观胡适一生，译著不多，原因大概在此。

嗣秬对胡适不仅在学业读书上有所教益，对于修身处事也时时予以指导，实际担负起了父亲角色的责任。而少年的胡适正求知若渴，也正有强烈的自省、自警、自新意识和需求，二哥正好成为他旁人难以替代的人生导师，对胡适的一生都产生影响。

1906 年 5 月 20 日

返栈，二兄为余言好名之病，复以朱子《近思录》授予，命予玩味之，谓当择其切于身心处读之。

于是，他在其后的日记中便痛责自己的“好名”，说是他一生大病根之一而欲痛改。

1906年5月28日

是夜宿栈中，二兄语吾：“《新民丛报》六号所载《责任心与名誉心之利害》一篇，足为尔药石，盍取而研究之？”二兄复以《二程粹言》二册授予，令玩味之。

1906年5月31日

看《新民丛报》：《责任心与名誉心之利害》篇，心大感动，不自已。

胡适进澄衷学堂也与二哥有关。

叶成忠办澄衷的目的本来是要使宁波籍的贫寒子弟受教育，后来学校规模增大，成为上海一个有名的私立学校，就学的学生也就不限于宁波人了。澄衷的总教叫白振民，是二哥的同学，他看到了胡适在梅溪学堂的作文，就劝胡适进澄衷学堂。胡适当时正因偷读了邹容的《革命军》，不愿被学校选送到上海道衙门去参加毕业考试，于是就离开梅溪而入澄衷了。而如果二哥的思想不新，不愿胡适为此丢弃即将到手的梅溪学堂的文凭，胡适是不会也不敢擅自行动的。

澄衷学堂共有12个班级，前6班相当于中学，后6班相当于小学。班级称为“斋”，课堂分为东西两排，最高的一班在东边，即叫“东一斋”，第2班在西边，称“西二斋”，以此类推。胡适刚入校时被编在第5班（东三斋），下半年升入第3班（东二斋），次年上半年升入第2班（西一斋），并做了班长（每斋有4个班长，胡适相当于副班长）。

時 \ 星期	一	二	三	四	五	六
第一	算術	〃	〃	〃	〃	〃
第二	體操	讀文	體操	作文	體操	讀文
第三	倫理	地理	物理	作文	地理	物理
第四	歷史	歷史	習字	歷史	歷史	歷史
第五	英文讀本	英文讀本	唱歌	英文文法	英文讀本	英文歷史
第六	英文文法	英文地理	英文歷史	英文數學	英文地理	英文作文
第七	圖畫	英文默書	英文作句	圖畫	英文演說	英文作文

胡适在澄衷学堂时的课程表

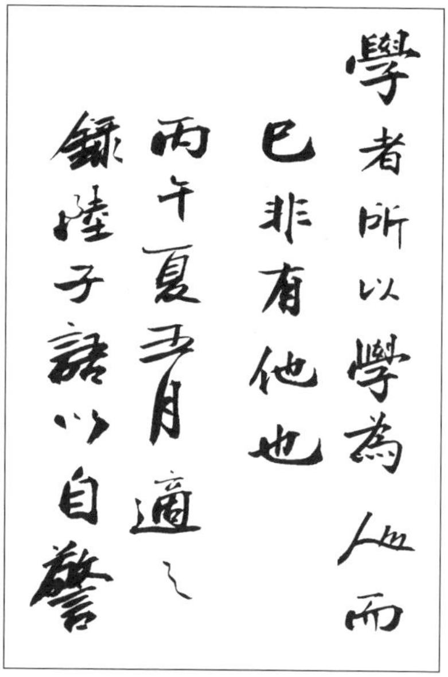

胡适初入澄衷学堂时，《日记》内封自题手迹

与总教的一次冲突

胡适因白振民而入澄衷，却与白振民不合，甚至有过一场不愉快。白振民管理学生十分严格，自尊心极强，容不得学生有所过失，更不能容忍学生对他有所不敬，以至于时而将小问题演变成大矛盾。事情是这样的：

5 月 16 日那天天气很热，学校的夏操服也未备好，同学们要求不做夏操，胡适便代大家向学监林仲希反映，林说可穿旧的夏操服。胡适去看，发现旧操服少 10 来件，认为夏操做不起来了，就与同学到教室里温习功课。忽然林仲希与白振民驾临，诘责众人不做操，胡适即以天热为由回答。不料白振民“怒甚”，说胡适是“集众要挟”。

当日东一斋也未出操，大概白振民认为是受西一斋影响，胡适那时的学名叫胡洪骍，白振民因此道："东一不操，西一担其责；西一不操，胡洪骍担其责。"说完就走了。学生们见势不妙，于是于下午补操。

白振民本欲重罚为首的人，后被其他老师劝止，但他还是挂出告示牌，上面写着：两斋不出操，事先不请示白振民先生，西一斋班长胡洪骍与东一斋班长赵启承"不胜班长之任，应即撤去"。胡适自认不先请示是有过错，但不领受其他"罪名"。当晚又听一位叫余成仁的同学说："总教习说你强辩，说上午托言不能操，下午却能补操，操后怎么也不生病呢？"胡适听了这话，自然也生气，于是当即写了一封信给白振民，陈述事情缘由，又引余同学的话，加以辩白。

白振民读了胡适的信更加生气，认为胡适竟引旁人的话来诘责，"气焰甚盛"，次日对胡适道："此语我未尝说，你从何处得来？若是教习说的，我辞退教习；学生说的，我开除学生！"胡适便据实说是余成仁说的。白振民道："我不曾对余成仁说胡洪骍一个字，可证也。"胡适又去询问余成仁，余成仁道："这是我解释白总教之意之语，他说不曾对我说你一个字，此则大谬，他确实说过你找借口的话。"于是余成仁与白振民对质，白振民不再坚持他未曾提胡洪骍一个字了，而改口为"我实说你但无病不病之语耳"。胡适天真地以为事实既已清楚，事情可以就此了结了。他不知这一回合以他小胜，白总教怎能咽下这口气！

次日，告示牌又挂出来了，其中有"拨弄是非，诬蔑师长之咎，应由胡生一人任之"之语。胡适在日记里将白总教的言行说为"无理取闹"，又写道，假使我真想拨弄诬蔑，就不会耗费笔墨来辩解，而会当众陈述事实使他难堪。大概胡适将这意思又写信给白振民，而下午白振民又挂出告示牌，上有"胡生能保他日无此等无秩序之事否？若有之，应由何人担其责任？"胡适见了，在日记里将此斥为"尤为无理"，并以"事之有无，当视学生之程度若何及管理法若何而后可定。若何人担其责任，则当视此事之性质如何而后定”回敬白振民。

下午，胡适收到二哥的来信。原来，昨天白振民与胡适不约而同地就此事给嗣秬写信，白振民狠狠地告了胡适一状，信中有“将此不悛，将不能顾私情而妨公益”等语，嗣秬或许是将白振民的信转寄胡适了，至少引了些白振民信中的话，胡适认为白振民“痛诋吾”。嗣秬在信中未仔细分析谁是谁非，对弟弟也未深责，而只“深戒”道：“弟所以致此者，皆好名之心为之。天下事，实至名归，无待于求。名之一字，本以励庸人。弟当以圣贤自期，勿自域于庸人也。”这样一说，顿时使胡适站高一线，心胸开阔，也就愿意听从二哥的话，委屈自己，写信向白振民“略陈悔意”。

次日白振民又悬出告示牌，略谓“胡洪骍自陈悔改，姑许其自新，前情姑不追究”云云，此波澜也就归于平息。可是胡适既非真的“悔过”，至此也就更加轻视白振民。他在日记中写道：

1906年5月19日

呜呼，几许笔墨，几许口舌，直为争一副光耀之面具之价值耳！

白振民争到了面子，胡适自然也就失了些面子，刚好嗣秬又有信来，“谆谆以轻妄相戒”，胡适即把信拿给同学们传阅，实际上带有告诉大家他妥协的真正原因的意思，也是为了挽回一点面子。但经一事，长一智，胡适在二哥的一再教导下，对自己也进行了一番反省，他在5月22日的日记中，痛责自己一生有好名、鲁莽、责人厚己3大病根而欲痛改。

学生气浓重的胡适

胡适与白振民冲突这件事，对胡适有所裨益。虽然此事并不能完全改变他性格中的耿直成分。事过方两月，那位余成仁同学又有事得罪白振民，胡适在日记里记道：

> 1906 年 7 月 16 日
>
> 今日暑假谒圣后，学生皆出校矣，忽见一牌示谓“余成仁既自命太高，应听其别择相当者入之，下学期毋庸来校”云云。盖昨日事之结果也。成仁往询其“自命太高”之语何所见而云然？白振民曰“即使汝不如此，则作为我恭维汝之语可也”云云。

胡适日记对这件事语焉不详，十来天后，他的一部“澄衷日记”也结束了。25 年后，胡适作自传《四十自述》，中间有段写道：“我在西一斋做了班长，不免有时和学校办事人冲突。有一次，为了班上一个同学被开除的事，我向白先生抗议无效，又写了一封长信去抗议。白先生悬牌责备我，记我大过一次。”那个被开除的同学，很可能就是余成仁，他是胡适当时“最相契”的 6 个同学之一。胡适在《四十自述》中写到白振民，并无指责之言，倒不乏赞扬之语，比如他写道：“澄衷……还有一桩好处，就是学校办事人真能注意到每个学生的功课和品行。白振民先生自己虽不教书，却认得个个学生，时时叫学生去问话。”对于白振民记他大过，胡适也不说他公与不公，而这样写：“我……知道白先生很爱护我”，只是“我当时心里颇感觉不平”。胡适笔下这样宽容，固然可以理解为事过境迁、心平气和了。其实更重要的，是胡适已很懂得论人要持平和客观，而欲做到这一点，先得如二哥当年教导他的“以圣贤自期”。

善待偷书同学

1906 年 4 月 1 日晚上，胡适在棋盘街买的一本迈尔所著的《迈尔通史》，第 2 天就失踪了，同室的张美品同学的 4 册《新民丛报》和一本化学书也忽然不见了。当时学校里图书被窃的事屡有发生，胡适在日记里分析是学生所为。

1906 年 4 月 2 日

以学生之资格而作此等下流之事，可哀可笑。

胡适的书是另一个班的同学偷的。那位同学那天曾请了病假睡在胡适他们宿舍内，因而引起舍监的怀疑，于是将他的钥匙骗来，背地里打开他的行箧，胡适及张同学的书果然都在里面！而张同学盖在书上的图章竟然都被撕去了，胡适在日记里写道："其用心亦良险矣。"可是胡适转而想到，偷书那位同学才只 11 岁，"知识未定，似尚在可原之例"，可见胡适为人的宽厚。

晚饭时胡适与那位同学相遇，对方转身就走。胡适见他"面赧赧然"，认为是有羞耻心的表现，于是叫住他道："你不愿见我，足见你的性灵没有完全泯灭，我很高兴。只是你前天的所作所为，实在是大错误。我失去的是一本书，而你失去的却是一身之名誉。书可以再买，名誉一坏再洗也洗不干净了，这是无形的损失。我失去的书只值两块钱，而你的举动若被发觉了，严重的要被开除出校，半年学费就损失了。害别人一分，而害自己十倍百倍，你难道乐于这样吗？"说的那位同学若有所悟。

由此看来，此时的胡适虽然年龄不大，处置这种异常事情已很妥当，也很会教育人了。并且在他的日记里记述这件事时，他还将那位同学的姓名隐去了。

胡适晚年的入室弟子唐德刚在《胡适杂忆》里写道：“有一次我问李宗仁对胡先生的看法，李说：‘适之先生，爱惜羽毛。’吾人如不以人废言，则这四个字倒是对胡先生很恰当的评语。胡先生在盛名之下是十分‘爱惜羽毛’的。”而由少年胡适开导小同学的话中，就已有“爱惜羽毛”的意识了。

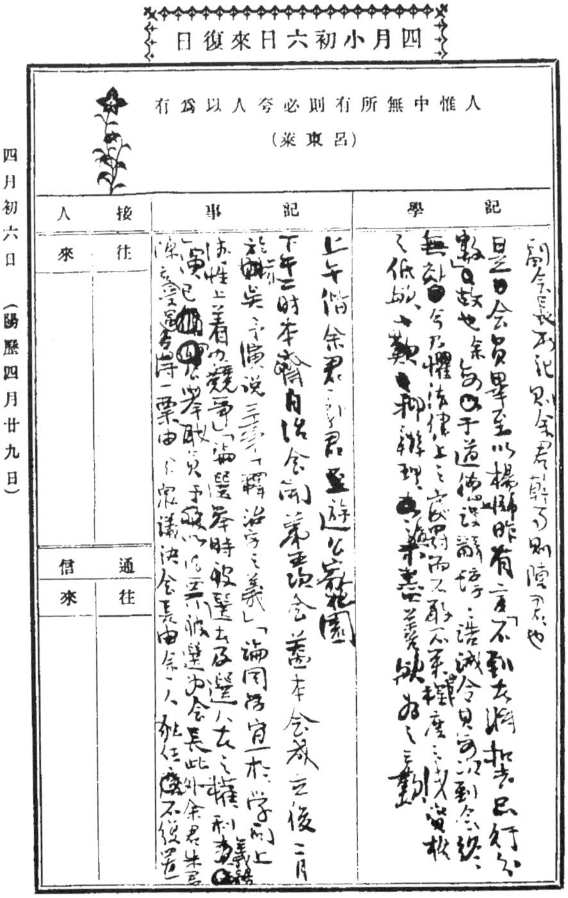

胡适在澄衷学堂时的日记手迹

与王云五的桃李情

胡适在中国新公学做学生兼做先生的时候，王云五应聘到该校做教师，他们且师且同事的关系由此开始。当胡适遭遇理想破灭、在苦闷中颓唐的时候，王云五曾予以劝解，并热心为胡适介绍职位以帮助解决出路问题。胡适对此心存感激，故而将王云五一直尊为自己的老师。即使后来胡适留学归来，学问大进，并且做了新文化运动的旗手，社会名声及地位远高于王云五的时候，仍然不改对王云五的尊敬。当商务印书馆邀请胡适任职时，他便力荐王云五以自代，为王云五显示才能提供了一方舞台，更为其日后青云直上提供了难得的良机。王云五后来在国民政府的高位上，出谋不少，但成效甚微，甚至常常因成事不足败事有余而怨声载道。对此，胡适一定是别有一番滋味在心头的。

少时荒唐，王云五从旁相劝

1905 年 11 月，日本政府颁布《清国留学生取缔规则》，引起我国留日学生的极大愤慨，他们深感祖国受到了侮辱，以致同盟会发起者之一、时在日本的陈天华于 12 月 8 日在日本横滨海湾投海自杀，留下绝命书，鼓励同志誓死救国，在国内引起很大震动，留日学生纷纷回国。其中一些学生经过商议，自办了一所大学，取名“中国公学”，地点设在上海新靶子路黄板桥北。可是随着形势和人心的变化，加上留洋学生开办学堂这件新奇事一时不被世人理解，中国公学开办不到一个半月，就陷入了绝境。公学干事姚弘业激于义愤，跳江自杀，留下一封数千字的遗书，其中有“我为中国公学而死”之语，世人被他感动，捐资的人增多，中国公学因此得以延续。

15 岁的胡适读了报上发表的姚干事的遗书，大受感动，便去投考中国公学，随即被录取。胡适被分在甲班，学校里所授英文、数学等课程都很浅，胡适学来毫不费力气。他在班上年龄算小的，他的一班同学之中，既有不少剪了辫子，穿着和服，拖了木屐的，也有一些戴着老花眼镜，捧着水烟袋的，年龄比他大了许多，胡适与他们相处，并无不适，反而时时感受爱护和鼓励。中国公学的教职员和同学之中，有不少革命党人，虽然他们为他的前途着想，并不劝他参加革命，不邀他参加同盟会，但他们的思想对他影响很大。

创办中国公学的同学们因为都有革命思想，想在学校里试行一种民主政治的制度。学校职员是从同学中选出来的，职员与学生没有界限。全校组织分为由职员组成的执行部及由班长、室长组成的评议部，前者由后者选出，对后者负责，职员有一定任期。可是这种以学生为主体的制度只实行了短短 9 个月，就因校内外形势的变化而改为以董事会为主体的制度了。只是由于外请的董事不常到校具体实施监督，学生们未感到切实的压力而矛盾暂未激化。

1908 年秋，校方与学生为校章修改权一事出现严重分歧，引发学潮。校方采取强硬手段，将罢课学生除名或勒令退学。遭受处分的学生与愤而退学的学生于是另行自组学校，打出“中国新公学”的旗号，在爱尔近路庆祥里租下校舍，聘教员，排课程，10 天不到，居然正式开课了。

此前胡适因患严重的脚气病，两度辍学，病愈返校的时候，学潮正值高潮，胡适被选为大会书记，学生集会的许多记录和宣言都是他动笔的，所以被勒令退学，于是也到了中国新公学。

新公学所聘的教员，有些是中国公学中同情学生的教员，有些则来自外校，时在一所英文专科学校——益智书室任教的王云五被新公学的条件所吸引，应聘来做英文教师，就这样做了胡适的老师。王云五上课注重文法分析，很合胡适口味。

新老公学对峙了一年多之后，老公学眼见新公学的存在，对老公学招生形成极大影响，又担心新公学有朝一日争取到大量官方拨款，将威胁老公学的生存，于是提出两校合并，开出的条件颇为优厚：凡新公学的学生愿意回去的都可回去；新公学的功课成绩全部承认；新公学的所有欠债由老公学偿还等等。新公学虽有向好的希望，但并不确定，确定的是欠债逾万的现实，于是接受了老公学的条件，同意合并。

新公学与老公学合并了，胡适他们不免失落。当初为了一个理想、一种信念从中国公学分离出来，如今这样返回，大家心里都觉得压抑和沮丧，有许多同学都不肯回去，胡适就是其中一个。当时他的家正败落得一塌糊涂，所以他不能也不愿回老家。新公学解散之后，他拿了两三百元的欠薪，只能自谋生路，最急迫的愿望就是“寻一件可以吃饭养家的事”。可是前途茫茫，伴随着理想破灭、有家难回，心绪恶劣到极点，在这时候又遇到一班失意的朋友，大家心情都不好，大家都想发泄，于是一同荒唐起来。

新老公学合并后，王云五留在中国公学，他对胡适的处境十分担心，对他的状况颇为担忧。胡适在 1910 年 1 月 24 日（农历十二月十四）的日记中写道：

云五先生见访，谈一时许，知先生来年仍留中国公学。

先生询余近况，力劝迁居，实则此间藏垢纳污，万难久处，待过此残年，当与仲实、君墨诸君同择地而迁也。

胡适从中国新公学出来，与一帮朋友住在新公学的一位德国教员何德梅隔壁的一所房子里。日记中所指“藏垢纳污”的住处，大概即指此处。何德梅的父亲是德国人，母亲是中国人，会说广东话、上海话以及官话，是一个爱玩会玩的人，“什么中国人的玩意儿，他全会”。胡适的一帮朋友多是日本留学生，与革命党多有关系，“在那个时候各地的革命都失败了，党人死的不少，这些人都很不高兴，都很牢骚。何德梅常邀这班人打麻将，我不久也学会了。我们打牌不赌钱，谁赢谁请吃雅叙园。我们这一班人都能喝酒，每人面前摆一大壶，自斟自饮。从打牌到喝酒，从喝酒又到叫局，从叫局到吃花酒，不到两月，我都学会了”①。

在此后的日记中，可见王云五与胡适常相往来。王云五到中国新公学之前，在益智书室教书，那时他约集一批同乡好友以及以前同文馆的同学，组织过一个“振群学社”。社员中的李怀湘后来做了上海工部局办的华童公学汉文总教习，有天与王云五谈起，公学要请一位兼通中英文的国文教师，王云五便推荐了胡适。李怀湘与胡适并不熟，只有过一面之缘，因王云五的关系，早对胡适有所了解。王云五并没有立即将此事告诉胡适，而是等华童公学定下后才约了胡适与李怀湘在自己住处见面。这使胡适心里很感激。胡适在2月12日的日记里写道：

祥云来邀饮，同饮者唐、林、吴、贯与余也。下午同至和记小坐。归时始知云五先生见访，约五时晤谈。五时余往

① 胡适《四十自述·我怎样到外国去》。

访之。盖云五为余荐至华童公学教授国文，事成始见告，其意至可感念也。少顷，李怀湘先生亦来。怀湘为华童汉文总教习，余前年识之于黄翠凝家，尝与云五处见余所作诗文，故以此事见任。

王云五又劝胡适每日于课余多译小说，以每天译千字为限，这样每月可得稿酬五六十元，同时又可增进学识（2月23日日记）。胡适当时虽然在胡混日子，但向好之心尚存，并未完全自暴自弃，只是一时饮鸩止渴，以放纵和堕落对付内心的痛苦和烦闷而已，所以对王云五的建议愿意听从。

愿意听从，却也并未当即改过自新，仍不时与朋友到妓家饮酒、打牌。看胡适日记对那段生活的记载：

二月初二（1910年3月12日）

欧阳予倩及其兄南杰（立袁）见过。打牌。是夜，君墨以柬招饮于伎者花瑞英家，且言有事相商。余与仲实同往赴之。同席者一邓、一唐、一李、一吴、一林及余也。花瑞英者，去年余于金云仙家见之，时与金韵籁同处，皆未悬牌应客。君墨亟称此二人，谓为后起之秀，余亦谓然。及今年，二人皆已应征召，君墨仅得金韵籁地址，而不知花瑞英所易姓名及所居何里，近始得之。君墨以余尝称此伎，遂以为意有所属，故今日遽尔见招。初不明言，比至始知所谓要事者，即指此而言耳。

是夜酒阑，君墨已醉，强邀至金韵籁家打牌，至三时始归。

二月初五（1910年3月15日）

晚七时访诸君于上海旅馆。是夜，诸人聚饮于伎者白玉茹家，余亦在座。归寓已十一时……

二月初六（1910年3月16日）

晚课既毕，桂梁来邀外出散步。先访祥云不遇，遂至和记，适君墨亦在，小坐。同出至花瑞英家打茶围，其家欲君墨在此打牌，余亦同局。局终出门已一点钟。君墨适小饮已微醉，强邀桂梁及余等至一伎者陈彩玉家，其家已闭户卧矣，乃敲门而入。伎人皆披衣而起，复欲桂梁打牌。桂梁以深夜惊人清梦，此举遂不可却。余又同局，是局乃至天明始终。

二月初十（1910年3月20日）

是夜，伯经招饮于富贵春，席终，余与仲实同赴邓硕麟君约，饮于花瑞英家，十二时归。[①]

二月十一（1910年3月21日）

曹绣君见访。祥云来。打牌。

如此日日纵乐、半夜迟归乃至整夜不归，既糟蹋身体，又影响工作。如初五那夜11时才归寓，而后才开始批改学生作业，改到凌晨2时，6时半就要上课！当日还有“晚课”，当夜却又玩了一宿，自然疲惫已极，却又不敢睡，因为当天9时有课，而还有学生作业未改！于是6点钟乘车回到住处，硬撑着批改了30册学生作业，尔后又撑着上了一天课，到下午4点下课后，回去倒头便睡，一直睡到次日7时半，起身后又赶去上课。那段日子里胡适的形象大概是长发蓬乱、髭须拉

① 一年后，已是美国康奈尔大学留学生的胡适，在报刊上看到他认识的妓女的影像，不免有所感慨，他在1911年9月3日日记中写道：“见《小说时报》所登上海伎人小影，知吾前所识之某辈今皆负盛名矣。”

碴的，他在二月初一（3 月 11 日）有记：“剃头一次。余今年仅剃头一次耳，其懒可想。”

如此放浪形骸、生活无节制，终于有一天闯下祸来。胡适二月十二日（3 月 22 日）日记写道：“是夜，唐君国华招饮于迎春坊，大醉，独以车归。归途已不省人事矣。”

胡适是次日早晨在租界巡捕房的牢房里醒来的，醒来时发现自己“浑身内外，湿气蒸腾，泥泞遍体”。一只脚上蹬着皮鞋，一只脚光着脚丫。被带到巡捕房的写字房里用镜子一照，头上脸上都是泥巴，用水清洗后，看见额头与脸颊之间有几处伤痕。原来他在昨天雨夜醉归途中，先是被车夫抢走马褂、帽子，而后推下车，继而遇到一巡捕，一言不合，胡适竟以手中皮鞋打巡捕的脸，两人在地上翻滚搏斗达半小时之久，后被捉进巡捕房。上午经上堂讯问后，交了 5 元罚款后才被开释。

胡适回到住处，深觉自己的行为玷辱了华童公学的名誉，自己也不免感到愧对王云五，加上他听说美国“退还”庚款官费留美考试，如能通过，即使不留美，也还可以留在清华学校。他动了辞教投考之心，于是当下就在床上写信，请辞华童公学教职，决心闭门备考。

王云五本人也曾十分向往留洋，只是因为家庭责任才不得不放弃，他对胡适报考第二批留美官费生十分支持，胡适的大代数与解析几何程度较差，王云五花了数月时间加以辅导。胡适 7 月通过考试，8 月登船赴美，从此走上了人生的康庄大道。

荐王，是对还是错？

胡适出国留学几年，归来后即应蔡元培之聘，做了北京大学的教授。此后数年，学识日增，名声日隆，10 年前那个不时给他人生与学问上以指导的师长王云五，此时却来向他请教了。胡适 1921 年 7 月 24 日日记写道：

云五先生读书极博，他自己说他的好奇心竟是没有底的，但甚苦没有系统。我昨天劝他提出一个中心问题来做专门的研究（最好是历史的研究），自然会有一个系统出来。有一个研究问题做中心，则一切学问，一切材料都有所附丽。他昨天把我这话想了半天，今天来说，他极赞成我的主意。他已决定做一部中学用的大《西洋历史》。他的办法是：

（1）以“平和的英雄”代平常历史上的“战争的英雄”；以文化的进步代国家时代的兴亡。（2）用威尔逊《美国史》的办法，本文极少而附注极多；本文皆提纲挈领的要旨，供一般学生的教科书，用大字印；附注或为传记，或引原料，或为详论，供教员的参考，及高才学生的研究，用小字印。

我极赞成这个办法，并劝他即日动手。他说一月之内可拟一个纲目给我看，一年为成书之期。我非常高兴，因为我可以断定这部书一定会好的。

此时胡适正应商务印书馆编译所所长高梦旦之邀，从北京来到上海，对商务印书馆进行为期一个半月的考察，与赋闲在家的王云五来往多了起来。就在上面日记的前一天，胡适去访王云五，两人一谈谈了 4 个小时，想必王云五对胡适说了不少他如何自学成才以及修身养德的故事，显然胡适受了感动，所以胡适在日记里写道：

他是一个完全自修成功的人才，读书最多、最博。家中藏西文书一万二千本，中文书也不少。他的道德也极高，曾有一次他可得一百万元的巨款，并且可以无人知道，但他不要这种钱，他完全交给政府，只收了政府给他的百分之五的酬奖。此人的学问道德在今日可谓无双之选。他今年止三十四岁。每日他必要读平均一百页的外国书。

胡适在这里犯了一个错误，王云五不过是一番夫子自道，就使胡适听而信之，甚至感而动之，并随手下了一个“道德极高”“学问道德无双”的断语。其实王云五与这个评价是远远不相符的。所谓他本可在无人知晓的情况下得百万巨款，而上交政府，只收少量酬奖，其实是他将世人的诟病反作金子贴在自己脸上。事情的原委是：

1908 年，英国政府与清政府达成协议，1917 年终止向中国输入鸦片。后来上海的几家鸦片大商行眼见终止期快要到来，而手上还有相当数量的鸦片未能售出，于是希望政府能把这部分鸦片买下来。政府觉得有利可图，竟以公债购买。王云五作为政府代表之一具体操办购买事项，并且在购买合同上签了字。政府购买鸦片事被报界捅出，舆论一时大哗，各政党、社会团体将政府此举斥为有污国体、丧尽天良。王云五在此案中虽不负决策责任，毕竟在其中扮演了一个很不光彩的角色。舆论没有放过王云五，王云五被迫于 1917 年 6 月底提出辞职，秋天工作移交完毕后，闭门读书。

作为政府购买鸦片的参与者，王云五并不以此为耻，他辩解道：

“我既受政府之命，复逼于情势，虽与我的主张不符，只得遵办。”

王云五在与鸦片商行打交道的过程中，商行按惯例付他 5% 的手续费，亦即回扣，他由此得知前任历年来共私吞五六十万元，并向政府举报，同时却又以此向政府索要奖金，获得 3 万元。这就是他自诩“硁硁自守”及给胡适造成道德高尚印象的事实。

胡适也许不知道，他在王云五住的洋房里所看到的逾万中外藏书，却都是来自那奖金呢！[①] 明明是人生中的一个极大污点，却被胡适偏听轻信为“道德极高”。可见胡适行事，有时真的是相当感性的。

北京政府购买鸦片案，在当时是一件社会大事，胡适那时恰留学

---

① 熊尚厚《王云五》：“……王云五任职数月，即将所获贿赂在沪买了一座洋房，还收购了大量古今中外书籍。”见《中华民国史资料丛稿·人物传记》第 61 辑。

归来，不会完全不知，只是因为王云五任禁烟特派员时，用的名字是“王之端”，胡适可能不知道这个名字。

高梦旦极力说服胡适到商务印书馆编译所替代他，而胡适一直未首肯。高梦旦于是请胡适先到商务印书馆来看看，介入印书馆一部分工作，想以此使胡适动摇。胡适则有自己的打算，他在1921年4月27日的日记里写道：

> 得着一个商务印书馆，比得着什么学校更重要。但我是三十岁的人，我还有我自己的事业要做；我自己至少应该再做十年、二十年的自己事业，况且我自己相信不是一个没有可以贡献的能力的人。

这时他还在北京。到了上海后，旁听了商务印书馆的一些会议，与馆里的很多人作了交谈，参观了书馆的工作环境，初步了解了馆里的人事关系，初衷还是不改。8月13日日记这样记着：

> 梦旦与我同车出所，车中他复劝我明年来商务办编译所。这个编译所确是很要紧的一个教育机关——一种教育大势力。我现在所以迟疑，只因为我是三十岁的人，不应该放弃自己的事，去办那完全为人的事。

开始抱着无论如何也要说服胡适来馆的高梦旦在胡适刚到商务印书馆时就气馁了，于是退而求其次。胡适1921年7月18日的日记写道：

> 十点半到商务印书馆编译所。我问梦旦，他们究竟想我来做什么。他问我能住几时……他说，他们昨天看我的情形，已知道不能留我。
>
> 梦旦问我，若我不能来，谁能任此。我一时实想不出人来。

胡适虽然决意不去商务印书馆，但面对高梦旦等人殷切的目光，他也难以轻松地一走了之。换句话说，他只有为商务印书馆物色一个合适的人选，他才能走得坦然。至少从这天起，他开始积极认真地寻找起他的替身来。5 天后他到王云五家，倾谈 4 小时。是胡适先属意于王云五，才有意识地做此试探，还是王云五在得知胡适来沪的缘由后因想得到此职而拼命自我表白，均无从考证。但显然这次交谈，对胡适决定向商务印书馆推荐王云五起了关键作用。胡适在寻找代替他的人时，最初并未想到王云五。或者说，在胡适的心目中，最初王云五并非不二人选，这在胡适 1921 年 9 月 6 日的日记中写得很清楚：

> 他们要我荐一个相当的人，我竟不能在留学生里面寻出这样一个人来。想来想去，我推荐了云五。

对胡适的推荐，王云五的欣然接受、高梦旦及商务印书馆“诸君”因信赖胡适而接纳王云五，都使胡适感到高兴，他可以放心地走了。胡适 1921 年 9 月 1 日的日记写道：

> 此事使我甚满意，云五的学问道德都比我好，他的办事能力更是我全没有的。我举他代我，很可以对商务诸君的好意了。

1931 年初，胡适为出席中华教育文化基金董事会第五次常会抵达上海。那时，王云五正因在商务印书馆编译所提出所谓“科学管理法”的改革方案遭到全体职员的坚决反对而头痛，有天与高梦旦等人去见胡适，胡适在 1 月 18 日的日记写道：

> 梦旦、拔可、云五诸先生来谈。我们谈及商务的事。连日云五因提出改革编译所方案，受了很多的气。我戏说：前有王莽、王安石，今有王云五，都因改革而挨骂，可称“三王”。

胡适没有想到，这场风波愈演愈烈，竟变成了一桩社会新闻，引起舆论关注，社会局出面调解。胡适在报上读到了，赶紧给王云五写了封信，加以安慰，教以方法，劝他不要操之过急：

> 今天见报纸所载，知前日我的戏言大有成为事实之势！你竟成了“社会之公敌”，阔哉阔哉！我很盼望你不要因此灰心，但也盼望你不要因此趋向固执的态度。凡改革之际，总有阻力，似可用“满天讨价，就地还价”之法，充分与大众商量，得一寸便是一寸的进步，得一尺便是一尺的进步。及其信用已著，威权已立，改革自然顺利。这个国家是个最individualistic（个人主义）的国家，渐进则易收功，急进则多阻力；商量之法似迂缓而实最快捷，似不妨暂时迁就也。

胡适看到的报纸，一是《申报》，一是《民国日报》，他将1931年1月21日这两份报纸上分别刊载的《商务印书馆编译所职工会宣言》《商务风潮改今日调解——劳资各向当局陈述理由，编译所同人痛驳王云五》两篇报道剪下来夹在日记里，并在后一篇报道旁批道：“云五近日很苦。这个民族是没有多大希望的。他们只怕强权，从不识得是非好歹。”

胡适的立场显而易见。作为王云五的朋友，同情王云五当然是可以理解的，但是不能仅凭王云五等人的一面之词，就说编译所的职员们是“只怕强权、不识是非好歹”，甚而无限扩大地说出“这个民族没有多大希望”这么吓人的话来，显得异常粗暴武断。相比之下，两天前他写给王云五的信倒是比较讲理，符合他的身份。

在这件事情上，胡适之所以表现出过分恼怒，可能与王云五是他荐入商务印书馆不无关系。1936 年夏，高梦旦逝世，胡适撰写了《高梦旦先生小传》以作纪念，发表在次年年初出版的《东方杂志》第 34 卷第 1 号上。不知是不是有人对当年胡荐王之事疑惑，还是胡适想要表明什么，他在文章中，对这桩 15 年前的旧事叙述了一遍，而后道：

> 我特别记载这个故事，因为我觉得这是一件美谈。王云五先生是我的教师，又是我的朋友，我推荐他自代，这并不足奇怪。

王云五任商务印书馆编译所所长 9 年后，又做了商务印书馆总经理 16 年，并由此成为“社会贤达”，先后被蒋介石委以经济部部长、国民政府委员、行政院副院长、财政部部长等要职。在这些高位上，他与在商务印书馆时一样，屡出新方案或举措，多事与愿违，而遭天怒人怨；更在财政部部长的职位上，出谋币制改革，即所谓“金圆券案”，导致金融大崩溃。胡适对币制改革颇有微词①，虽然他不大可能后悔当年举荐了王云五，因为王云五在商务印书馆毕竟是有成绩的，但至少胡适在此时是再也说不出“荐王”是件“美谈”这样的话来了。

1959 年 2 月，时任台湾“中央研究院”院长、月初又刚被蒋介石任命为“国家长期发展科学委员会”主席的胡适，接到以前中国公学一位学生的来信，想请胡适介绍他到一家保险公司工作。胡适读完来信，对他的学生秘书胡颂平说：“我是向来不替人介绍工作的。”

① 所引见胡适 1948 年 10 月 13 日日记。

一个月后他写信给别人谈到此事时又写道："我一生不敢向朋友任职的机关介绍人。"胡适这样解释原因："我现在的地位不能随便写信介绍工作的。我写一封信给人家，等于压人家，将使人家感到不方便。"在"荐人"的问题上，在胡适的心里，当年"荐王"的对与错或许是一个结。

得任北大教授，全凭蔡元培慧眼

很巧合的是，胡适的生日与北京大学的校庆是同一天，都是 12 月 17 日。这似乎注定他与北京大学有着一生的情缘。自称“北大人”的他，在此成得大名，在此作为领袖而引领了新文化运动。可以说，他跨入北大大门之始，即步入了辉煌之途。北大成就了他，反过来，北大因他而增色。

都说一个人仅有努力与能力是不能够称得上成功的，还需要有社会的赏识与承认。北大是胡适展示个人才华的平台，同时给了他为社会赏识和承认的环境。然而，他如何能登上这样的平台，如何能融入这样的环境？这就不能不提到蔡元培。对于胡适而言，蔡元培是伯乐，是他成功路上不可或缺的重要人物。

资历最浅但月薪最高

一条并不复杂的人物关系链很清晰地显示出胡适与蔡元培的结识。在这条关系链上，有一个人很重要，他就是上海亚东图书馆掌门

初入北大时的胡适

人汪孟邹。

汪孟邹是胡适的同乡，两人一直有来往，即便胡适留美，也从未与汪孟邹失却联系。在胡适即将完成留美学业时，曾经写信给汪孟邹，托他在国内看看有无合适的工作。

同时，汪孟邹又是陈独秀早年在芜湖办《安徽俗话报》时的老朋友。陈独秀在上海办《新青年》之初，四处邀稿，也托汪孟邹帮忙。在办刊业务上，两人也有更多往来。

因汪孟邹的关系，陈独秀“结识”了远在美国的胡适。曾经五次留日、从来没有远游欧美，却又有着激进的西化论的陈独秀自始就对深受西方文明浸染的胡适充满殷切期待，更在读了胡适的一些文章后，对之欣赏有加。从此，每期《新青年》，他都渴求胡适赐稿。胡适于1916年在《新青年》上发表文章后，特别是发表《致独秀信论“八事”》一文后，胡、陈即“志同道合，乃成神交”了。正是在陈独秀的力促下，胡适写就了那篇奠定了他学术地位的《文学改良刍议》。

按照蔡元培自己的说法，他早在辛亥革命前夕，就已经关注到了陈独秀这个人。他在《〈独秀文存〉序》中说："我在上海《警钟》报社服务的时候知道陈仲甫君。那时候，我们所做的都是表面普及常识、暗中鼓吹革命的工作。我所最不能忘的是陈君，在芜湖，与同志数人合办一种白话报，其他人逐渐的因不耐苦而脱离了，陈君独力支持了几个月，我很佩服他的毅力与责任心。"正是如此，当他于 1917 年 1 月 4 日正式就职北京大学校长而在随即进行的选聘新型人才工作中，很自然地接受了老朋友汤尔和的推荐，诚聘陈独秀为文科学长[①]。

在蔡元培就职校长仅仅 9 天之后，陈独秀上任文科学长。与蔡校长相仿，他上任后的首要工作就是延聘人才，而他最先想到的就是胡适。他在给胡适的信中说："蔡孑民先生已接北京总长之任，力约弟为文科学长，弟荐足下以代，此时无人，弟暂充乏。孑民先生盼足下早日归国，即不愿任学长，校中哲学、文学教授均乏上选，足下来此亦可担任……他处有约者倘无深交，可不必应之。中国社会可与共事之人，实不易得。恃在神交颇契，故敢直率陈之。"

对于陈独秀所提及的胡适其人，蔡元培并非毫无所闻。早在 1914 年 6 月他旅居法国时，胡适、杨杏佛等留美学生曾经发起成立了"中国科学社"，创刊《科学》杂志。蔡元培不仅知道此事，而且还曾写信勉励。如果说那时他对胡适只是知其人而不识其人的话，那么此时在陈独秀大力推荐之下，又通读了胡适旧作《诗三百篇言字解》后，他对胡适有了进一步的了解。同时，他又听说新一期的《新青年》将刊登胡适的《文学改良刍议》，而这篇文章据陈独秀说有可能在知识界引起震荡。

尽管胡适本身的才学似乎无可挑剔，但严格意义上说，蔡元培当

---

① 当时，北大按教育部制定的学制课程，分文、理、法、工四科，各科设学长。

即立断同意诚聘胡适，很大程度上还是出于对陈独秀的绝对信任，认为能够为陈独秀所钟情的才子，一定非等闲之辈。

说来又是一个巧合，蔡元培、陈独秀、胡适三人都是属“兔”，只是分属三轮，也就是很规整的老、中、青三代。或许正是因为如此，他们三人在性格上可能有相似之处，在为人处事上有着许多共同点。

接到陈独秀言辞恳切的来信，正托汪孟邹在国内找工作的胡适自然很兴奋。对于回国去北大执教，他看重的并不仅仅是一份谋生的差事，更视其为几年来对国内高等教育问题思考的一次实践机会。早在1914年1月，他就曾撰写《非留学篇》一文，批评国人重留学而轻国内大学的诟病，主张“以国内大学为根本，而以留学为造大学教师之计。以大学为鹄，以留学为矢，矢者所以至鹄之具也”。一年以后，在日记里，对大学教育问题，他还专门以“国立大学之重要”为题详细记载道：

> 1915年2月20日
>
> 与英文教师亚丹先生谈，先生问：中国有大学乎？余无以对也。又问：“京师大学何如？”余以所闻对。……余告以近来所主张国立大学之方针（见《非留学篇》）。
>
> 吾他日能生见中国有一国家的大学可比此邦之哈佛，英国之康桥、牛津，德之柏林，法之巴黎，吾死瞑目矣。嗟夫！世安可容无大学之四百万方里四万万人口之大国乎！世安可容无大学之国乎！
>
> 国无海军，不足耻也；国无陆军，不足耻也！国无大学，无公共藏书楼，无博物院，无美术馆，乃可耻耳。（二月廿一日）

由此看出，胡适对大学教育有着满腔抱负与期待。所以说，陈独秀的赏识与蔡元培的信任给了他施展的舞台。他当即应允。

1917 年 5 月，归国前夕的胡适

蔡元培是1917年初就任的，胡适于当年7月才抵达上海。在这半年时间内，由胡适的《文学改良刍议》所引起的文学革命的讨论在国内如火如荼，也因此使身在大洋彼岸的胡适在国内的名声日益渐长。这个过程实际上也为蔡元培提供了"考察"胡适的机会，他由此更加断定胡适是一个人才，便不住去函催促他尽快归国。

回国回乡稍事休息后，胡适于新学期开学前的9月10日到达北京。此前一个星期，蔡元培已经迫不及待地签发了聘书，正式聘请胡适为北大文科教授，足见此时他对胡适的个人能力已经没有任何怀疑。从这个角度上说，他的确有一双识人用人的慧眼。

两天后，即9月12日，蔡元培在"六味斋"设宴为胡适接风。这应该是他俩的第一次见面，尽管一只老"兔"和一只小"兔"年龄相差两个轮回，彼此却并不陌生也无鸿沟疏离之感。交谈中，他俩很有共同语言与共同理想。这也就为他俩长达十多年的合作与数十年的友谊提供了思想基础。

当时，北京大学人才济济，除了陈独秀外，还有李大钊、钱玄同、周作人、刘半农、陶孟和等人，也有在辛亥革命前就曾与蔡元培在上海中国教育会等团体中共过事的两位战友：理科教授钟观光、文科教授叶瀚。然而，与他们相比，蔡元培对初入北大但资历尚浅的胡适格外垂青，委以重任。初入北大，胡适负责3门课程：中国古代哲学、英国文学、英文修辞学，每周12课时。第二年起又担任中国名学、中国小说、英文高等修辞学、中国哲学史、西洋哲学史的课程，跨科跨系，课时繁重。

如果说这还不能说明这是蔡校长对他能力信任的话，那么在教授们的月薪分配上，就更加清楚地看出蔡校长对他的"偏袒"。胡适的月薪初期是260银元，从第二个月起，即增加到280银元，为教授薪俸中最高。就连钟观光教授也不过240银元，而叶瀚只有140银元。

依照北大教员的薪俸分配标准，即授课时长、成绩、著述与发明、社会声望，胡适除了授课时长还算足够以外，其他三项其实都比不上其他教授，特别是社会声望。如果说胡适因文学革命而在国内有点名气的话，那也只能算得上是“小荷才露尖尖角”，远谈不上声望。那么，蔡元培之所以如此，除了对胡适特别看重外，似乎别无其他理由。胡适日后在协助蔡元培改革北大中所表现出的非凡才能和卓越见识果然没有辜负蔡校长的信任。

勤工俭学运动中现分歧

蔡元培 1934 年发表在《东方杂志》上的《我在北京大学的经历》一文中，谈到他所以就任校长一职：“我回来，初到上海，友人中劝不必就职的颇多，说北大太腐败，进去了，若不能整顿，反于自己的声名有碍，这当然是出于爱我的意思。但也有少数的人说，既然知道他腐败，更应进去整顿，就是失败，也算尽了心；这也是爱人以德的说法。我到底服从后说，进北京。”这也就是说，蔡元培入北大的动机，很大程度上是为了整顿，或者说是改革。

反观胡适，他是抱着建立一个能与哈佛、牛津、剑桥等比肩的国内大学的希望而来到北大的，自然也是要整顿或改革的。从这个角度上看，他与蔡元培从一开始就是一致的。

胡适虽然是孑然一身来到北大，但实际上，他的身后有一个以留美学生组成的智囊团。比如，他到北大不久，留美学生张奚若就曾写信给他，建议他“与蔡孑民先生及诸同事等，设法为北京大学设一大图书馆，以作造学基础”。胡适与他们的想法很一致，那就是逐渐向北大输入西方著名大学的建设规模和管理模式。

蔡元培在接手北大之初，就已经为他将来的改革确立了方向，那就是“仿世界各大学之通例”。因而，他之所以有些不合情理地看重、倚重胡适，正是胡适的西学背景和基本改革思路与他相契合。

有了这样的思想基础，在整顿北大的一系列行动中，胡适与蔡元培在很多方面都表现出高度的一致。也是因为如此，蔡元培甘心作为胡适身后强有力的后盾，不遗余力地支持、扶助和推动胡适前进。

入北大不久，胡适就为蔡元培制定了北京大学未来发展的五年计划和十年规划。为了实现这一系列计划和规划，也为了早日将北大引向世界，他大量延聘教学能力强的外籍教员来提升北大英文师资力量，又邀请他推崇的教育家杜威来华讲学。与此同时，他在授课之余，充分利用演讲才能，然后写文章、作新诗、翻译外国小说，更积极倡导白话文。与其说他给北大输入了新思想新理念，不如说他将清新之风引入北大，使之一改腐败酸臭之气而充满生机。

对于胡适的这一系列活动，蔡元培充满赞许，也对胡适个人的才学充满欣赏。他在《我在北京大学的经历》一文中说："胡君真是'旧学邃密'而且'新知深沉'的一个人，所以一方面与沈尹默、兼士兄弟、钱玄同、马幼渔、刘半农诸君以新方法整理国故，一方面整理英文系。因胡君之介绍而请到的好教员，颇不少。"

1918 年初，胡适倡办"成美学会"，目的是效古君子成人之美，资助热心向学却家境贫寒的学生，为此，他带头捐款。蔡元培积极响应，不仅个人出钱出力，还鉴于个人力量的有限而将之划归学校统一办理，责成由胡适等四教授修订该会章程。5 月，蔡元培倡办"进德会"，目的是端正北大师生的道德风尚。他的这一行为实际上是对胡适、陈独秀正在《新青年》等刊物上抨击旧礼教、倡导新道德的声援。

除此之外，胡适与蔡元培在"为学术而学术""文（言）白（话）之争"以及倡导妇女解放方面都保持着高度一致。胡适所著《中国哲学史大纲》更因蔡元培慨然作序极力举荐而得以出版并获大名。蔡元培用了一个词对胡适作了总结"心灵手敏"。

然而，如果就此认为胡、蔡二人在所有问题上都是亲密无间毫无二致，那就不够客观了。其实，就他俩的年龄、经历和所受教育的不

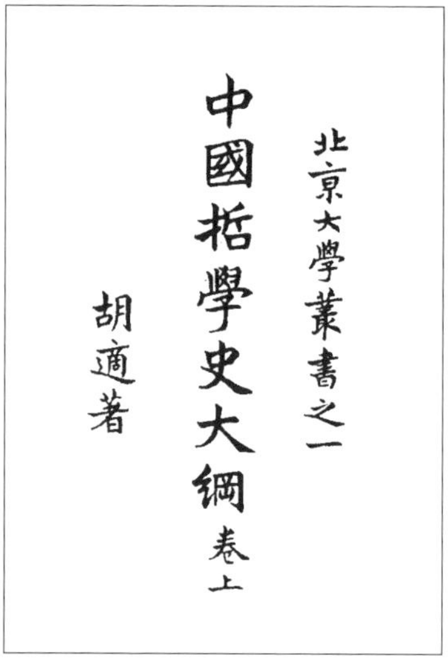

《中国哲学史大纲》上册初版封面

同，在某些问题上存在不同见解是毫不奇怪并大可以理解的。

对于蔡元培的“兼容并包”主张，与陈独秀态度明确的正面评价不同，胡适从来没有任何说辞，就他的性格而言，“不说”意味着“不接受”。因为他对蔡元培的“容新”是很赞赏的，说过这样的话：“当我在北京大学任教授的时候，北大校长是那位了不起的蔡先生。蔡先生是位翰林出身的宿儒，但是他在德国也学过一段时期的哲学，所以也是位受过新时代训练的学者，是位极能接受新意见新思想的现代人物。他是一位伟大的领袖，对文学革命发生兴趣，并以他本人的声望来加以维护。”[①] 显然，他只能接受蔡元培的“容新”，而不能理解他的“容旧”。可以这样说，他与蔡元培的一致也基于对“新”的追求上。

1919 年 3 月，陈独秀被以“私德太坏”为由解除了文科学长之职。尽管蔡元培有心庇护，但无力阻挡校内舆论的压力，不得已而挥泪斩陈。反对派之所以如此逼迫蔡元培打压陈独秀，实则也想借此抑制胡适，因为这两只“兔子”在北大仗着蔡元培的提携实在很“招摇”。但是，学究气浓重的胡适却没有意识到这点，将不满与怨气泼向蔡元培。不过，他并没有冲蔡元培直抒胸臆，而是在给汤尔和的信中，说此事“造孽不浅”。

① 唐德刚译注：《胡适口述自传》第 162 页，华东师范大学出版社 1993 年版。

胡适对蔡元培的公开抱怨是在随后的“五四”运动中针对蔡元培的辞职之举。在他看来，蔡校长此时辞职，无疑是临危弃职。他不仅直接向蔡元培表达了此种态度，也在北大的教员会上公开坦陈。蔡元培为此特地致函胡适：“弟出京的时候有许多事，没有机会与先生接洽一番，累先生种种为难，实在抱歉得很。”从而舒缓了胡适的不满情绪。

早在辛亥革命后的第二年，以蔡元培、李石曾、吴玉章、吴稚晖、张继等出于“科学救国”“教育救国”“实业救国”的目的，在北京发起组织“留法俭学会”，计划5年内组织3000人赴法留学。他们认为“欲输文明于国内，必以留学西方为要图”，而选择法国，是因为“法国是民气、民智先进之国”。的确，法国当时是欧洲文明的中心，它率先提出资产阶级自由、平等、博爱的思想，更有无产阶级革命“巴黎公社”的实践，因而对中国知识分子具有强烈的吸引力。

1915年，他们又为提高在法华工的文化水平和技能，提出“以工兼学”的主张。可惜的是，因袁世凯称帝，蔡元培等人不得不流亡海外，留法勤工俭学计划暂时搁浅，直至1916年政局稳定后方重新实施。1917年，专门为青年学生赴法勤工俭学提供帮助和媒介的“华法教育会”和“留法勤工俭学会”在北京成立，蔡元培等人号召“勤于做工，俭以求学，以增进劳动者之智识”。1919年，赴法勤工俭学运动进入高潮。

对于此运动，胡适从一开始就不大赞成，他在日记里有这样的记述：

1921年7月15日

“留法俭学”这个运动真是无意识的盲动，我起初即不赞成，只因为提倡的人如蔡先生，如吴稚晖先生，都是绝好的人，或不致太坏，故我不曾明白的反对此事。

当初“华法教育会”会长蔡元培等人创设勤工俭学运动时，正值第一次世界大战期间，法国的工厂对华工需求量很大。那时中国人到法国很容易找到工作，而且工价甚高，以此俭学绰绰有余。自“一战”以后，法国经济开始萧条，工厂开工不足，又加上大量军人从战场上下来，也急于工作，对华工的需求急速萎缩。然而此时，国内的勤工俭学运动正值高潮，学生情绪高涨，赴法者更是络绎不绝。到 1920 年底，在法的勤工俭学学生已近两千人。原先他们到法后，由华法教育会安排进入中学或一些语言学校就读，一部分人直接进入工厂做工。后因经济原因，大部分人无力维持学习费用，遂进入工厂做工以赚钱谋生。随着法国经济危机的爆发，物价飞涨，法郎不断贬值，失业人口倍增，别说华工，就连法国人自己都难觅工作。

找不到工作意味着无法俭学，甚至连基本生活都成问题。有的学生因为没有固定的住所不得不四处流浪，有的因病无钱医治而客死异国，更多的学生不得不挤住在“华侨协社”。因为人太多，房子不够，只能在院子里搭布篷，每个布篷里往往要挤进去几十人。

既然自找工作困难，学生们便将希望寄托在华法教育会。华法教育会起初经费充足，也能满足勤工学生的要求，后因经费逐渐紧张，又被内部职员营私舞弊、贪污私吞，非但拒绝学生们的恳请，还认为他们做苦工的行为有辱国体，借口他们“既无做工之志趣，又无做工之能力”而主张将他们驱逐回国。

这时候，学生们将余下的一点希望都寄托在会长蔡元培身上。谁知，蔡元培签署了两份通告，以“一年以来，借贷学生之款，亏空之数甚巨，本会原无基金，又无入款，挪借之术，有时而穷，而告贷之学生，方日增无已，今则亏竭已极，万难为继”为由，宣布“华法教育会……脱卸一切经济上之责任，只负精神上之援助”。同时宣布无论如何给学生们的维持费只再维持两个月，两个月以后全部终止。

这两份通告无异完全打碎了学生们的希望，故而引起轩然大波。

他们认为当初是受到华法教育会的蛊惑而不惜千辛万苦来到法国，如今却被毫不留情地抛弃了。在绝望之际，他们自然无法如“通告”中所云“谅解本会无源源而来之底款之苦衷”，转而向中国驻法公使馆申诉。北洋政府接到公使馆的电呈后，复电称：国务会议议决，现时国库奇绌，在法学生之无钱无工者，惟有将其遣送回国，并责成使馆办理。自此，勤工俭学学生与华法教育会、公使馆、北洋政府的矛盾终于激化。

胡适 1921 年 7 月 15 日的那篇日记，就是在获悉此事后的有感而发。从他的日记里可知，早在前一年勤工俭学运动矛盾初现时，他就表示了极大的关注，曾经收集了有关资料。他这样写道：

> 去年留法俭学的黑幕已揭穿了，我才动手收集材料，想引起大家注意此事的非计；蔡先生听见此事，打电话告诉我，要我做成此文时先给他一看，然后发表。我答应了他，但不久我就病了，文章竟不曾做；况且蔡先生又往欧洲去了，既不能先给他看了再发表，我索性不做了。后来蔡先生在欧洲，也竟无法可挽救这许多学生，他大概到了不得已的时候，方才有那个“断绝经济关系”的宣告。这种不成办法的办法，自然不能有好结果。此事终当想一个解决的办法。

从此篇日记中不但可以看出胡适对勤工俭学运动的态度，更能看出他与蔡元培的关系：他是反对该运动的，但因为在他眼里，蔡先生是个好人，所以他即使不赞成，也没有公开泼冷水；在勤工俭学学生看来，蔡元培签署的“通告”无疑是彻底斩断了他们在法国的生路，而胡适则站在理解宽容的角度，认为蔡元培是不得已而为之。尽管他不认为这样决绝是个好办法，也不会有好结果，但他还是站在蔡元培的立场对他的行为表示了极大的同情。胡适对蔡元培是信任的、尊敬的，哪怕在某些方面并不认同蔡元培的观点。

不满学潮风波

胡适在日记里密集出现“蔡元培”的名字以及北大，是在1921年和1922年这两年间，也是他在北大执教第一个周期中的最后两年。实际上，自1920年11月至1921年9月间，蔡元培并不在北大，而是在欧美访问。于是，离开蔡元培的庇护和支持，胡适在此期间在北大沉寂了很多。在不少事情上，特别是学界罢教风潮中，他说话的分量也打了折扣，足见他之所以能在北大立稳脚，很大程度仰仗于蔡元培的提携。

蔡元培与胡适一样，力主在北大实行男女同校。因为如此，他招致守旧势力的打压和排挤，不得已以出国考察的名义避走欧美。他走后不久，北京学界“为饭碗问题”（陈独秀语）而掀起的风潮一浪高过一浪，直至发生教员罢教“索薪”，甚至还造成流血事件。

胡适在日记里详细记录了学潮中的一次惨剧：

1921年6月3日

是日北京学潮忽演出一种惨剧，真是不幸的事……

当教职员到部（指教育部——引者注）时，原不曾料到学生几百人也会退到教育部来。夷初（指马叙伦——引者注）先生见这个示威的好机会，岂肯放过？他在大会场用传声筒演说，主张请马次长（指教育次长马邻翼——引者注）领我们同去总统府请愿。这时候，即有人大喊“不要让次长跑了！”后来他们便簇拥马次长出门。到新华门时，夷初大概以为兵士不致行凶，又挟有马次长，故首先冲入。后来卫兵知教育次长亦在被打的人之中，就把他抢进去，夷初不肯放手，故受伤甚重。后夷初血流满面，犹直立大骂“你们为什么不要脸，都跑了！既怕打，何必来！……”

对于为“索薪”而罢课罢教，胡适很不赞成，但像他这样的反对派占少数，少数服从多数，他只能服从。而他在失却了蔡元培的鼎力支持后更加势单力薄，只能眼见局势越变越糟，却也无力扭转，索性避开忙着去做学问并陪杜威四处讲学。于是在日记里，他似乎一直忍而未发。直到“惨剧”发生一个月、他在接到陈独秀的一篇“斥责”信后，才敞开胸怀，在日记里好好宣泄了一下：

1921年7月7日

仲甫来一长信，大骂我们——为饭碗问题闹了一年的风潮，如何对得起我们自己的良心！我觉得他骂的句句都对。这一年半，北京学界闹的，确是饭碗风潮。此风潮起于八年十月十日——国庆日。那时我在山西，到我回来时，教职员的代表——马叙伦等——已在进行了。到十二月中，他们宣告罢课，我那时一个人出来反对罢课，质问代表虽有全权与政府交涉，但无全权替我们大家辞职罢课。那时夷初因为我对于代表的权限提出质问，便声明辞职不干了。那天的大会怕饭碗打破，以大多数的表决维持代表的全权；从此以后，代表就有全权替我们辞职了。后来我就不过问这件事。……四月三十日之阁议以后，我即主张立时上课，夷初与仲逵一班人坚持不可，仲逵因此问题几与铁如打架。后来就更不可收拾了。……“六三”以后，更糟极了。

总之，我这一年半以来，太“不好事”了。因为太不好事，故我们竟让马夷初带着大家乱跑，跑向地狱里去！我记此一段，表示自己的忏悔。

其实并不是胡适甘心“让马夷初带着大家乱跑”，而是他阻挡不了。尽管他没明说，但也可知他此时急盼蔡元培回国重新坐镇北大的迫切心情。所以，当九月份蔡元培回京后，胡适立即前往探望。

1921年9月18日

洗浴。自浴堂打电话给蔡孑民先生家中。问知蔡先生已于早十一时到京，就约定时间去看他。四时半，到他家。蔡先生精神甚健，虽新遭两件大不幸的事，——死了夫人与令弟——而壮气不少减退，甚可喜。小停，孟馀也来，我们谈很久。

不仅如此，胡适更在随后的几日内，数登蔡门，与蔡元培高谈阔论北大教育问题：

1921年9月19日

七时，到蔡先生家……我谈大学进行事，决定“破釜沉舟”的干去。蔡先生尚不退缩，我们少年人更不当退缩。是夜商定：（1）图书募捐事；（2）主任改选事；（3）教务长改选事；（4）减政事；（5）组织教育维持会事。

散会时，已十点半了。

1921年9月25日

与蔡先生谈大学改良事，他要我写出来。我回家后，即写了一封详信给他……

1921年9月26日

三时，与蔡先生同到他家谈话。他很赞成我给他的信，他批了几句话，要我带去提出今天的教务会议。

看得出来，此时的胡适意气风发斗志昂扬，大有要干一番事业的气势，而之所以有这样的气势，不仅是受到蔡元培“壮气不少减退”的感染，也是因为身后又有了蔡元培的支持后重燃起了信心。

其实早在这年的五月间，胡适在北大校舍遭遇了一次火劫后提议：“为免除北大图书馆危险起见，将本校教职员本年四月份应得薪俸，凡每人每月在六十元以上者，全数捐作图书馆建筑费。其每月薪俸在六十元以下者，自由捐助。”但是自此以后，我们在他的日记里未见此项工作的进行状况。就在蔡元培回京前一个月，北大代理校长蒋梦麟函告胡适，说“教职员饭钱不知在哪里，还管什么图书馆”。或许在胡适看来，是否能募捐成功，并不在于教职员是否有饭钱，而在于

胡适（右二）与蔡元培（左二）、李大钊（右一）、蒋梦麟（左一）

领导人是否有此决心。正在这时，蔡元培回来了。于是，胡适又有了些信心，重提“图书募捐事”。

至于“教务长改选事”，胡适在随后的日记里，有详细记载：

1921年9月23日

六时，大学选举教务长，孟馀当选。前夜蔡宅商议时，孟馀力辞连任，故他们要我干此事。我也知道有些人的推我未必出于诚意，但我也不曾力辞。我也要看看他们的把戏。今日举我的票数少于那夜的人数，这是我意料之中的。孟馀是熟手，自然最适宜。举出后，他推辞不肯连任，但他的理由不能成立，故我驳他，劝他不要辞了。

胡适所说的“他们”不知是指哪些人。显然，“他们”推举胡适任教务长并非心甘情愿，按照胡适的说法，可能隐含着某种“把戏”。但是，“他们”又为何要公开推举胡适，却又在投票时放弃？难道是做给蔡元培看？

尽管胡适未能当选教务长，但他对改良北大教育仍然是全身心地投入。他在日记里所说的为此给蔡元培写的一封信，洋洋数千言，既总结了过去一年来北大存在的问题，也在“预科改良问题”“非试验班的预科新生办法”等问题上提出了详尽的建议。蔡元培对此信的批语是：“胡先生提议各条，元培均甚赞同，惟进行程序须经教务会议议定，请提出为幸。”

蔡元培的批语显出他处事的严谨。在议定会议上，胡适的“延长一学期”的建议被否定，他们甚至觉得这个建议是可笑的。胡适的“预科改良计划”被几个人肯定，也被另外几个人否定，最后讨论出一个“办一个带试验性质的班，办法另定”的办法。实际上也就是搁置了胡适的建议。对于这一天的议定会，胡适在日记里，这样记道：

1921年9月26日

这一天的会，把我气的难受！从前蔡先生在校时，向无此种怪现状。

这样的感叹也透出胡适无限的失望。蔡元培虽然回来了，整顿改革教育的思想也没有变，但是，他面临的已不再是原先的环境。矛盾、斗争日益尖锐，他的阻力也越来越大。不要说胡适的提议屡被否决，就是蔡元培自己，威信和能量也在递减。也正因为如此，胡、蔡二人似乎更紧密地站在同一条战线上，共同面对反对派的压力，也共同成为被攻击的对象。

平息“讲义费风潮”

1922年3月15日，北京国立八校教职员联席会议通过决议：次日停课一天，在美术学校开八校大会。同时，有人提议：提前放春假七天，若政府仍不发经费，则提前放暑假。对此，胡适大加反对。

但是，在4月9日召开的联席会议上，仍然主张“延长春假”——实则罢课。胡适颇为恼火，不过，令他欣慰的是，蔡元培在会上态度坚决，演讲时义正词严。为此，他在日记中这样记道：

1922年4月11日

前天（九日）联席会议主张延长春假——实则罢课之别名——蔡先生亲自出席，为很激烈的演说，坚执不肯延长，并说：如果教职员坚执此议，便要辞职，但此次辞职，不是对政府，是对教职员。联席会议的人虽然很不满意——因为蔡先生还说了许多很爽直的话——但不能抵抗。于是昨日各校一律开课，而联席会议的各代表一齐辞职。

蔡先生此举极可使人佩服。我曾说，去年三月十二日的大会，我少说了几句话，不曾反对罢课，遂酿成三四个月的罢课。一年以来，良心上的负疚，这是最大的一件事了。此次蔡先生此举，使我更觉得我的懊悔是不错的。

一直对上一年的罢课罢教进而酿成“六三惨案”而自责的胡适，如今与蔡元培并肩努力，终于制止了又一次的罢课行动，多少消融了他一直以来积在心中的块垒。在外人看来，蔡元培之所以如此反应激烈，是受了胡适的“挑唆”。上海《申报》在一篇报道中就直接用了“蛊惑”这么一个词，说“蔡元培之孤行，系为胡适所蛊惑”。对此，胡适在日记里说：

1922 年 4 月 17 日

我看了大笑。他们未免太看轻蔡孑民而过奖胡适之了！蔡先生此举，完全出于自动。当日我在天津，至十日始归，事前全不曾与闻，但我一年来屡次表示反对罢课，故旁人以为此次亦是我的主动了。

胡适当然不会承认他在“挑唆”或“蛊惑”蔡元培，然而实际上，他的建议、提议，蔡元培无一不积极支持。至少在表面上看，他对蔡元培的影响还是有的。蔡元培看重胡适、倚重胡适，不仅不同意胡适辞去北大教授一职，更力主胡适接任北大教务长兼文科学长一职。

1922 年 10 月 3 日，北大召开评议会。在论及教授兼任他校教课钟点的限制时，身为教务长的胡适提议“不得过本校授课钟点的二分之一”，后经修正为“不得过六小时”。这一提议立即遭到有些人的反对。胡适不免与他人有些争论。这时，蔡元培突然从座位上站起，涨红着脸很有些怒气地大声说：“评议会到了今天，不能再反对这件事了。你们要反对，应该在去年三、四月间反对。如果我们不实行此案，我们怎样对得起那些因兼任各部事务而改为讲师的几位教授呢?我们今天只能以评议员资格发言，不应该以私人资格发言！”

胡适在这天的日记里，这样写道：

> 我认得蔡先生五年了，从来不曾见他如此生气。他实在是看不过贺之才一类的人，故不知不觉的发怒了。后来此案付表决，只有两人不举手。蔡先生事后似悔他的发怒，故后来说话非常和气。

有了以上的风波，接下来胡适又提的议案“新组织新建筑金募款委员会，即日开始募款，悬额40万元，为下列3项之用（1）图书馆，（2）大讲堂，（3）宿舍”得以顺利通过。

如果又有人由此说蔡元培受了胡适的“蛊惑”，似乎可以理解。

然而，并不是所有的事，他二人都是一唱一和的，特别是胡适对蔡元培的一些做法和思想有不太认同的地方。比如，6月上旬，胡适在报纸上看到蔡元培等十余人将电催黎元洪到京主持大政的消息，便很反对，特意给蔡元培去信劝其不要发电。蔡元培在回复中说：“催黎来京，我也觉得无谓。但因各方面催促，已提交各校签名，万一名签毕而黎已来，可作罢论，否则不能不发。”见此，胡适也不再说什么了。

10月份的“评议会”开过后不几天，胡适去济南参加第八届全国教育会联合会。18日那天，他忽然接到北大教务处电报：“为讲义费哄闹，校长以下皆辞职，请速回京。”他大惊，赶紧收拾行囊返京。

一直以来，蔡元培都在和北京其他七所国立大学的校长们一道为争取教育经费而与政府抗争。与此同时，他在北大校内施行新的经费开支措施，其中“向学生征收讲义费”遭到学生们的强烈抵制。17、

18 日两天，学生代表数十人先后到会计课和校长室请愿，蔡元培苦苦解释，无效。学生们意欲以“罢课”相挟，一向以温和示人的蔡元培大怒，愤而辞职，避走西山。随后，其他行政人员也纷纷辞职，校务几乎瘫痪。

胡适的头脑很冷静，他返回北大后，并没有盲目地站在蔡元培一边斥责学生。他虽身为教务长——学校一方的代表，却以中间人的身份调解学校与学生之间的“讲义费”矛盾。他在了解事实的基础上，主持教务、总务联席会，又会见学生代表，还亲自参加学生干事会。他在日记中这样记道：

1922 年 10 月 20 日

学生干事杨廉、来焕文、黄日葵、张维周等来见，我又告诉他们，“大学的危机，悬于一发；此一条若不能执行，则大学必致破坏不可收拾。大学只有此一条生路，而这一条生路全在你们的身上”。他们也明白此意了，遂在教务长室谈话，讨论办法。

1922 年 10 月 21 日

八时半，学生干事会开会，我出席演说，指出现在是大学存亡的问题，大学的存亡现在全悬一条很窄的小路上，教务会议的布告的第三条，无论如何，是不能不实行的了。他们对我这个意思，似乎能谅解了。

他所说的“布告第三条”，指的是北大评议会就“讲义费风潮”而通过的决议中的第三条，即：查此次暴动时，大部分之学生照常上课，显系少数人借端捣乱。兹为确知暴动责任者之姓名起见，要求本校全体学生于本星期内各以书面向系主任声明曾否与闻。如不声明，认为与闻暴动，应请校长照章惩戒。

对此，学生们起初也是抵触的，在胡适的调停下，总算是接受了。

从表面上看，胡适与蔡元培对待学生的态度截然不同：胡适温和，蔡元培强硬；胡适和颜悦色，蔡元培针锋相对。但是，胡适也并非毫无原则：他维护了学校权威，也对为首的闹事学生毫不心软。

1922年10月22日

因此次暴动而被开除的学生冯省三来。他是山东人，世界语学会的干事，是一个无政府党。他自认当日确曾说“大家到会计课去把讲义劵烧了！”又曾说，“我们打进（校长室）去，把他们围起来，把这事解决了！”但到了末了，他要求我准他回校作旁听生！我劝他作好汉要作到底，不要对我们作什么请求了。

可以看出，相对于蔡元培而言，胡适似乎更具政治家风范。

胡、蔡二人在处理学生的态度上有所不同，还有一个原因，那就是：蔡元培和蒋梦麟等人一直以为学生之所以闹事是因为受到校外某些人的指使；胡适却不以为然，他在日记里很明确地表明了他的态度：

1922年10月23日

到六味斋，蔡先生邀吃饭。席上是梦麟……诸人，都是辞职的。蔡先生劝他们一齐复职，因为今天下午四时评议会（我没有到）认学生签名为满意，推举代表五人去请校长复职，校长已允了。

我主张学生应组织自治会，以各班代表为众议院，以每系一人及每年级一人，共二十一人组织参议院。梦麟反对此议，怕学生被人利用，又怕学生捣乱。他说："无论如何，请你这个时候不要谈学生会，过了年再说罢！"这种心理，我真不懂得。

他们总相信此次风潮有外人煽动：有疑杨度的，有疑高师或法专的。我最反对这种"疑心生暗鬼"的话。今晚席上，他们又谈及此话。我问，"你们有什么证据？"蔡先生说，"有人报告，当日（十九日）操场分队表决时，反对挽留校长的一派只有七八十人，其中多有大家不认得的人，有认得其中有高师学生的。又开会时，有学生裤腿上有长线的，有人问他在哪一系，那人竟不知什么叫做'系'。除非这种报告不可靠，我们就不得不疑心了。"我说，第一要问报告的人是否可靠。第二，学生不认得本校同学，是平常的事；昨日冯省三在我家，而学生干事会代表汪瀚等竟不认得他。第三，裤腿上有线，那也许是穷学生穿着中学时代的制服。总之，这种证据是不充分的，我们不当轻信这种谣言，以自宽解。

尽管胡适与蔡元培在某些方面的看法不尽相同，但他很清醒地认识到是蔡元培给了他施展才华的机会，也是因为蔡元培的提携和支持，他的事业一步步走向辉煌，因而无论如何，他对蔡元培都是心存感激和万分敬重的。

有人说，胡适的事业常随蔡元培而转移。以往不论，就在"讲义费风潮"过去仅仅两个月之后，在 12 月 17 日，即胡适生日的那天，在北大校庆会上，蔡元培提出辞呈，胡适也以身体有病为由告假一年。

1925 年，胡适（右一）与北大文科部分教授的合影

“挑唆”和“蛊惑”

胡适与蔡元培的又一次合作是在 1927 年的上海。这年 10 月，在蔡元培、吴稚晖、张静江、李石曾等提议下，“大学院”（相当于教育部）正式成立。就任院长的蔡元培自然是要诚邀胡适加盟的。胡适辞谢的理由有二：不赞同劳动大学的设立，不能附和“党化教育”。然而，蔡元培一再坚持，胡适勉强答应了。在大学院，他除了担任大学委员会委员外，还任古物保管委员会和译名统一委员会筹备委员。

当初，胡适在拒绝蔡元培的邀请而给蔡写的一封信中说：“我是爱说老实话的人，先生若放我在会里，必致有争论，必致发生意见……大学院里少一个捣乱分子，添一点圆融和祥之气象，岂非好事？”他在大学院就任不久，果然就因说老实话而成了“捣乱分子”，甚至被斥为“反革命”。

1928 年 5 月，随着北伐军逼近北京，已经被合并为“京师大学校”的原北京大学的复校问题成为社会各界特别是教育界人士的关注焦点。尽管有人以为蔡元培、蒋梦麟等原“北大人”重回北大是必然的，但其他各派也在虎视眈眈北大校长一职，甚至有些迫不及待。胡适在日记里的记载充满讽刺和嘲弄：

> 1928 年 5 月 23 日
>
> □□□来谈一件事，使我大笑。
>
> 前天南京宣传北京已攻下了，有一位教育大家信以为真，立刻搭车来上海，准备乘船赶到天津，预备在冯大将军的庇护之下接收京师大学，做八校的总长。他到了上海，才知道那天的消息不确，所以至今还逗留在上海。
>
> 他知道冯是不喜欢蒋梦麟的，但他却愁蔡先生自兼北大校长，而派代表去办。他说，“万不得已，只好抢清华”。
>
> 哈哈，他们在冯大将军幕下吃每月六元六角的粮，所为何来？为的是“有大欲存焉”将来打到北京时可以大大的得意一番！果然这种急色相都露出来了。将来抢饭碗打破头的事还多着呢。我们瞧着罢。

在胡适的日记里，经常会有批评某人却不指名道姓的情况，也许是为了将来日记公开后避免不必要的麻烦吧，也显出他为人处事的小心谨慎。这篇日记中提到的“一位教育大家”，有人推测可能指李石曾。因为在实力上能够与蔡元培、蒋梦麟相拼的也只有他了，特别是在政治地位上。

看胡适的日记，可以知道他是很不喜欢又很看不起李石曾这个人的：

李石曾

> 1930年2月9日
>
> 此人（指李石曾——引者注）毫无常识，毫无思想，而居然有人尊信，岂非一大怪事！
>
> 我第一次见石曾，便不喜他；第二次见他，便同他作对（为里昂大学、北大海外部事）。十年以来，无有一次看得起此人的。蔡先生费大力引他入北大，终使北大坏在他手里，真是引狼入室。

因此，胡适是无论如何也不会站在李石曾一边而支持他入主北大的。6月7日，蔡元培以大学院名义呈报国民党政府，请求恢复北京大学之名，并任命新校长。次日，国民党政府常务委员开会讨论时，与会者表示赞同恢复北大旧名，校长请蔡元培兼任。但是，与李石曾同属一派的大学院大学委员会委员易培基提议：北京大学改名“中华大学”，校长由蔡元培担任，在他未到任之前，由李石曾代理。李派势力正处上升期，易培基的提案自然很顺利地通过了。

在大学院的四位元老中，张静江、吴稚晖是站在李石曾一边的，蔡元培显得很孤立。蔡知道自己的处境，也清楚李石曾的真实目的，在随后召开的大学委员会会议上，他说北大可以改名“中华大学”，但他不愿意就任中华大学校长一职，而请会议推李石曾为校长。

胡适出席了这次会议，他对北京大学更名以及校长人选统统表示反对，而且态度激烈强硬，免不了与张静江之侄、中央大学校长张乃

图为张静江（中坐者）与蔡元培（右一）、褚民谊（少女后者）、李石曾（少年后者）、汪精卫（左一）等人的合影

燕以及吴稚晖等人发生争执。双方甚至差一点就要拍桌子大骂了，一度恶言相向。

关于这场争执，胡适在日记里有详细记述：

1928年6月15日

饭后去开会……

我起立说：（1）北京大学之名不宜废掉；（2）石曾先生的派别观念太深，不很适宜，最好仍请蔡先生自兼。

风云大起了。

张乃燕起来说：蔡先生的兼收并蓄，故有敷衍的结果。

李先生派别观念深，故必不敷衍，故李石曾最适宜。

吴稚晖起来说了半点钟，说明北大之名宜废，李石曾是“天与之，人归之”……

他说，石曾先生向来是很能容人的，但近几年来的举动，他也不满意，但度量是比较的。譬如有一百个人才，蔡先生能容七十个，石曾先生大概只能容四十个。胡适之先生大概也不能容七十个。但现在北京的情形，除了石曾之外，还有谁人能去做中华大学校长?

易培基起来说，他竟不知道石曾先生对适之先生有什么恶感。他有两次听见旁人攻击适之先生，石曾先生都力为辩护……

张仲苏也起来说，他认为李先生的道德学问为最适宜。

我起来说，“我绝对不想回北大去，故我自己绝不成问题。吴先生说，蔡先生能容七十人，石曾先生能容四十人，我自己也至多能容四十五人罢了。但我不想做北大校长，故绝无问题；但石曾做北大校长，却有问题，故我提议，仍维持国府原案，蔡先生仍为校长，由石曾先生代理，或可救济一点”。

……

易培基又起来说，“我们都知道蔡先生不能离开南京，故不提出他，我们也谈论到适之先生，但我们都觉得李先生为第一适宜，胡先生为第二适宜”。

稚晖先生又有长演说，说我不应该要用蔡先生去牵制李先生。他说，石曾用人有时很不当，但有时也很不坏……

他又再三说，最可怕的是“蜀洛相争”。

我忍不住了，说蜀洛相争是没有的事。

他直跳起来说，“没有！怎样没有？他们不曾通缉易寅村先生、李石曾先生和我们吗？”

我说，“没有的事！我们几个熟人之中，人格上总信得过，不是他们干的事”。

他直跳起来，离开座次，大声说，“你本来就是反革命！……”

……

吵着吵着，吴稚晖就将话题扯远了。

胡适原本并不清楚吴稚晖何以会有这么大的火气，直到会后，他看了吴稚晖扔给他的几张电报后，才恍然。在日记中，他继续写道：

会完之后，稚晖摸出几张电报来，丢在我面前，说，“哪，人家人都派定了，还有什么说头呢？”我打开看时，都是石曾给静江、寅村（即易培基——引者注）的电报，一封说：中华大学校长事，须四星期后始可就职，兹派柽章、书华、子昇三人接收中华大学。一封说：加派沈尹默接收。

吴稚晖

电文中全不提大学院与蔡先生。我说：“吴先生，你若早点给我们看这两个电报，我们就可以不开口了！”大概稚晖也不很满意这件事，所以他屡次说，“平时我们无论怎么样，到了有争论时，我总不好不站在石曾先生的一边的。——就是蔡先生也不能不站在他的一边的”。这是什么话！他还能说“蜀洛相争”的话吗？大概稚晖想今天把石曾正式通过，做到“共和的”“揖让的”的面子，却不料我这个笨人毁了这一团雍容和睦的空气也！

从胡适的这一长篇日记中很清楚地看出，当时在会上，唯有胡适是蔡元培的支持者，而他和蔡元培显然不是李石曾派的对手，双方势力似乎相差很大。在这场争斗中，他们败下阵来。如果胡适了解李石曾的身后有着国民党主要当政者的大力支持，他或许就不会用鸡蛋去碰石头了。所以，蔡元培事后对胡适感叹：社会太复杂了，他应付不了。

会后次日，胡适即提出辞去大学院的职务，而且态度坚决。他在给蔡元培的信中口气强硬地说：“千万望先生允许。倘先生不允许，我也只好自己在报纸上登启事声明已辞职了。”从此，他再也不参加大学院委员会会议。即便如此，蔡元培也没有立即应允，因为他自己还在大学院院长的职位上坚持了两个月。两个月后，蔡元培接受了胡适的辞职，随即，他也辞职了。他俩又一次共同进退。

被“民盟”开除了

重返北大时，胡适恰逢虚岁 40 岁生日。那天，也是北大校庆日。北大师生和北平知识界的许多知名人士为他祝寿，也欢迎他回到北大。

这个时候的北大，代理校长是蒋梦麟，胡适任文学院院长兼中文系主任。作为当年蔡元培的左右手，胡适与蒋梦麟立志要复兴北大，而复兴的基础是经济。于是，胡适又得倚仗蔡元培了。

实际上，胡适与蔡元培自从上海分手后始终书信往来频繁。二人同属中华教育文化基金董事会，又有更多的公务联系。“中华教育文化基金董事会”是专门负责管理支配美国退还庚款的机构。蔡元培是该会董事长，蒋梦麟是副董事长，胡适任名誉秘书。

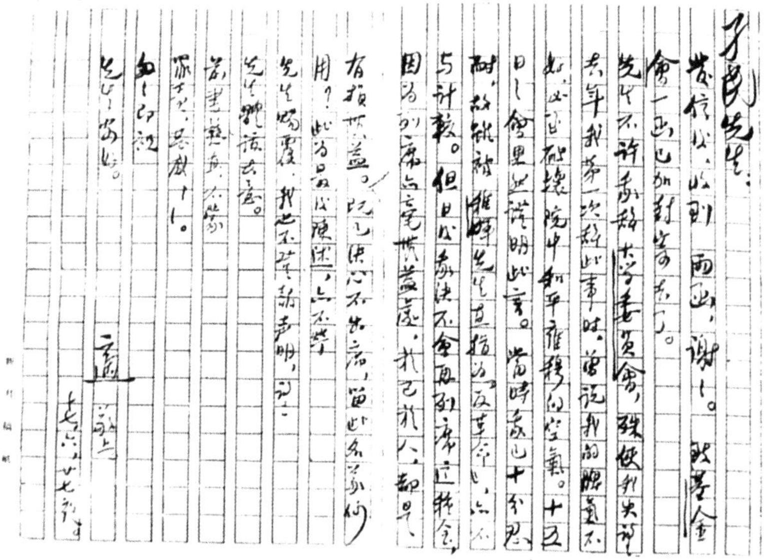

胡适写给蔡元培的信

为筹措办学经费，胡适到京仅一个月后又返上海参加中华教育文化基金董事会第五次常会。在 1931 年 1 月上旬的连续几天，胡适的日记里都有此记录，如：

1931 年 1 月 9 日

上午九时到下午四点半，在沧州饭店开中华文化基金董事会第五次常会。到会者……有蔡元培……与我，共九人。

是日所议事，最重要的一案为北大补助案……

晚间蔡先生请各董事吃饭……

1931 年 1 月 10 日

晚上拟发表北大补助案之谈话稿子。写成已近两点了。

胡适所说的“稿子”，实指他在9日那天常会上的谈话。会议根据他拟定的计划，决定：“每年双方各出国币二十万元，为大学设立研究讲座，及扩充图书仪器，给发助学金与奖学金之用，以五年为期。”

此事进行得异乎寻常的顺利，作为董事长的蔡元培从中起的作用是显而易见的。

一直以来，在外人眼里，胡适与蔡元培之间几乎没有分歧而总是态度一致。然而，1933年，他们终于看到了他俩的“决裂”。

1933年年初，“中国民权保障同盟”先后在上海和北平成立。这个组织本就是在上海的蔡元培、宋庆龄、杨杏佛、林语堂等人发起的，蔡元培自然是上海会的副主席（主席宋庆龄）。胡适、蒋梦麟等人是北平会的负责人。

北平的“中国民权保障同盟”成立之初即招致北平市国民党党部的斥责，指其“既不遵照中央法令办理，又不于开会前通知本会及当地政府请求许可”，将之定性为“非法组织”。胡适反驳，强调合法。远在上海的蔡元培也同时对外宣称，在精神上无条件地支持胡适。这个时候，胡适与蔡元培一北一南，遥相呼应，配合默契。

但是，北平的同盟会与上海的同盟会从一开始就存在着思想上的差异。也就是说，胡适参加同盟会的初衷与上海的主要负责人宋庆龄等人是不同的。他更注重法律问题，所以在《民权的保障》一文中强调：“中国的民权保障运动必须建筑在法律的基础之上，一面要监督政府遵守法律，一面又训练我们自己运用法律来保障我们和别人的法定权利。”而上海同盟会更关注解决政治问题。

当上海同盟会提出“应即无条件释放一切政治犯”的要求时，并没有得到以胡适为首的北平同盟会的积极响应，他甚至直言反对此做法，说“民权同盟不应当提出不加区别地释放一切政治犯，免于法律制裁的要求……按照法律处理”。

胡适在3月4日的日记里粘贴了一份剪报，题目是“沪民权保障同盟开除胡适会籍”。就这样，胡适被开除了同盟会会籍。

对被开除本身，胡适并没有太多怨言，只是他对蔡元培甚是不满。因为在开除他会籍的文件上不仅有主席宋庆龄的签名，也有副主席蔡元培的签名。这不仅被外人认为是胡适、蔡元培反目的开始，也让胡适感觉难堪。他在日记里表达了这样的情绪：

1933年3月4日

此事很可笑。此种人自有作用，我们当初加入，本是自取其辱。孑民先生夹在里面胡混，更好笑。

不仅如此，他又给蔡元培写了一封信，直抒内心愤懑：“……所耿耿不能放心者，先生被这班妄人所包围，将来真不知如何得了呵！”

数日后，胡适接到蔡元培的回信。读了此信，他对蔡元培的不满全然消退。他在日记里这样记道：

1933年3月21日

蔡先生来一信，读之甚慰。

蔡元培在信中说：“知先生对民权保障同盟‘不愿多唱戏给世人笑’，且亦‘不愿把此种小事放在心上’，君子见其远者大者，甚佩甚感。弟与语堂亦已觉悟此团体之不足有为，但骤告脱离，亦成笑柄。当逐渐摆脱耳。承关爱，感何可言！”原来实际上，蔡元培是认同胡适的观点的，只是似乎有难言之隐而上下不是、左右为难。

从中可看出他俩虽然在很多时候总是共同进退，但总的说来，胡适更为主动，而蔡元培稍显被动；胡适更为积极，蔡元培在有些时候有些方面稍显畏缩；胡适敢说敢干，蔡元培顾虑似多。

胡适对蔡元培的尊重也表现在当他获悉了蔡元培的真实想法后，

听任外界对他俩关系的闲言碎语，也未将蔡元培给他的信公开以示自己的正确，而是将其深藏以维护蔡元培在同盟会中的形象和威信。

如果说共同参加同盟会是胡适和蔡元培的又一次合作的话，那么，这次也是他俩的最后一次合作。

胡适与蔡元培分属两代人，家庭背景、成长环境和所受教育都有不同，性格及为人和处事方式也存在差异，那么，他俩又缘何能够亲密合作十多年，私人友谊更是维持了数十年？蔡元培于1940年3月5日因病去世，而胡适正在美国。

1940年3月6日

到家才知道蔡子民先生昨天死在香港，年七十三（1867—1940），与周鲠生兄谈，同嗟叹蔡公是真能做领袖的。他自己的学问上的成绩，思想上的地位，都不算高，但他能充分用人，他用的人的成绩都可算是他的成绩。

蔡元培去世后6年，胡适继任北京大学校长。他不会忘记他与北大结缘是因为蔡元培。因而无论从哪个角度说，他对北大都是充满感情的，即便后来离开大陆身在海外，他仍然心系北大，甚至在他临终前的遗嘱中，也不忘将当年匆忙离京而请北大图书馆保管的102箱图书和文件悉数遗赠给北大。去世后，他的身上覆盖着一面北大校旗。

与马寅初是君子之交，还是密友呢？

1921年7月中旬，胡适离开北京，乘火车到上海去。此前一段时间，商务印书馆编译所所长高梦旦多次写信给胡适，希望胡适同意接替他就任该所所长，可因胡适不愿放弃北大教职，高梦旦退而求其次，请胡适南来，到所里看看，说是帮他们出出主意，“替他们做一个改良的计划书”。其实还是指望胡适到实地考察后能动心。

胡适乘着北京大学放暑假，到商务印书馆待了一段时间，与书馆高层聚商，又参与书馆一些会议，虽然他仍主意不改，却也不能不为高梦旦等人的诚意和盛情打动，努力寻思物色出一个合适的人选来，以使自己心安地脱身，可是他“一时实想不出人来”。这个时候他“去访马寅初，谈甚久”。

马寅初年长胡适9岁，早胡适4年赴美留学，是胡适哥伦比亚大学的校友，不过在胡适入哥大的前一年就毕业了。又在胡适毕业回国入北京大学的前一年，做了北大法科经济门的教授，就这样两人成了同事。

1920年，马寅初向北大请假一年，应邀赴上海、杭州考察经济，同时兼做上海吴淞中国公学的讲师，此时还有一个浙江兴业银行顾问的头衔。

胡适访马寅初，固然是老同事异地欢聚，所谈也几乎不可能不涉及编译所所长人选。两天后马寅初请胡适吃饭，在座的有郭秉文等人，郭就动员胡适留在商务印书馆。

胡适在上海，还惦记着北京大学招考的事，8月10日那天到兴业商行去找马寅初未遇，去见过一个朋友后，再去找，这回见着了，只是为了谈招考的事情。胡适是想请马寅初担任招考事，可是不知为何，马寅初却没有答应。胡适只有自己干了。

1921年8月17日（星期三）

今日为北大考生报名的最后一日，又是江苏省教育会开大会的日子，我本答应教育会中人说，今日我们大学定有人来管报名的事。不料北大派来的徐之杰到今早还没有来。我只得自己去到教育会办报名的事，自上午八时至下午七时，报名的凡五十二人，又拟了几张布告，排定了体格检查的次序，作详函与牛医生。到晚十时始完。

郑铁如昨日从汕头来，本拟今早北上带家眷南下，到车站始知津浦铁路被水冲坏了，断了二十多里。他到教育会来看我，我留他在上海帮忙，他答应了。

1921年8月20日（星期六）

七点半，到仁和里，与铁如同到第二师范。昨夜终夜大雨，又大风，路上树木有许多被吹倒的。

九时开考，上午考国文，下午考外国文，到考的一百零四人。

1921 年 8 月 21 日（星期日）

八时到第二师范，门外自昨日已水深二尺余，马车轮的大半没在水中。九时十分开考。今日考至下午六时，各科都完。……此次幸有铁如在此，否则很不容易办了。

胡适在日记里并没有因马寅初不肯帮忙有一字怪他。考完第二天，胡适以北大名义公宴招待帮忙招考的十多个人（实到五六人），也请了他的好友任光和马寅初。

胡适入北大的最初两年里，两人很少往来，因为直到 1919 年 11 月，马寅初的名字才首次在胡适的日记中出现。而在此后半年时间内，他们往来也只 3 次，一次打牌，两次交谈，似乎还停留在君子之交的水平上。而 1922 年为北大教务长人选，胡适与马寅初的关系经受了一次考验，有马寅初的传记中说马寅初战胜胡适当选为北大教务长，胡适在日记中对此有段记载：

1922 年 7 月 3 日（星期一）

……当时原议教务长只限于文理二科合成的本科，而不管法科。尹默又怕我当选，故又用诡计，使蔡先生于选举之日打电话把政治、经济两系的主任加入；一面尹默亲来我家，说百年（陈大齐）等的意思不希望我第一次当选为教务长。他们明说要举马寅初（经济系主任）。我本来不愿当选，但这种手段是我不能忍耐的；当时我声明要推举俞星枢，开会时我自己先声明不当选，提出星枢来。……结果为星枢与寅初各三票，蔡先生加寅初一票，遂举寅初。

胡适一味怪罪沈尹默，但从开始增加政治、经济两系主任候选，到最后投了关键的一票，都显示了蔡元培明确的倾向，如果将蔡元培的取向全都归因于沈尹默的“诡计”，也未免太看低了蔡元培的智商。以胡适的智商，也未必不知蔡元培一己的态度，只是不愿埋怨蔡元培，又痛恨沈尹默，这才将所有的罪过一股脑全丢在沈尹默身上了。

不论事情的是与非，显然这件事并未对胡适与马寅初的关系产生什么不良影响，过后倒是在胡适的日记里见着了他与马寅初不只一次同游公园的记载，而且似乎只有密友之间才会谈的话题也出现了：

> 1922年8月10日（星期四）
>
> 饭后与马寅初同到公园，我自七月十四日游公园，至今四星期了。寅初身体很强，每夜必洗一个冷水浴。每夜必近女色，故一个妇人不够用，今有一妻一妾。

胡适所记应当不是臆测，如此隐秘的床笫之事，外人无论如何是猜不准的。

马寅初的确有两位妻子。发妻叫张团妹，后改名张桂君，与马寅初同庚，20岁那年由父母之命、媒妁之言嫁给了当时还是中学生的马寅初。在他们结婚16年后，刚入北京大学做了教授不久的36岁的马寅初又在家乡娶了年方14岁的少女王仲贞。这在开风气之先的北京大学校园，在留洋归来的新派人物身上，都是一桩颇为稀罕的事情，不由人不好奇。胡适难免询问。

马寅初洗冷水浴的习惯也确有其事。他1906年获北洋政府官费留学美国，入耶鲁大学矿冶系，一年后改学经济学。在耶鲁大学，游泳是必修课，校方规定，即便各门功课都是优等，不会游泳者不能毕业。在耶鲁的冷水浴室，马寅初遇到一位鹤发童颜的医生，得知冷水浴是锻炼身体的极好方式，从此常年以冷水沐浴。

胡适自1922年8月29日写当日应马寅初之邀吃午饭，之后数年，马寅初的名字都未在他的日记中出现，直到1928年。虽不见面，还是关注着的。

> 1928年5月18日（星期五）
>
> 晚上到雪艇处吃饭，有皮皓白、吴稚晖、朱骝先。
>
> 我同稚晖先生自从去年蒋介石婚礼那天一见之后，直到今天始得再见……
>
> 他对于鸦片烟公卖的事，也表示反对。我借此力劝他作有力的反对，并劝骝先（浙江民政厅长）援助马寅初的主张，在浙江省内严禁。

此时的马寅初，身份已变为浙江省政府委员、省财政委员会主席，他在一年前接受其好友、浙江省主席张静江的邀请南下任职，辞去了北京大学教授职务，与胡适不再是同事了。

此后在胡适的日记中，马寅初的名字只出现了两次，一次是1931年7月28日，胡适将“太平洋国际学会第四届大会出席人名单”夹在当日的日记里，共40人，胡适与马寅初名列其中。

另一次是同年11月12日，日记里夹的是“财委会组织大纲及委员人选名单”，那是国民政府为“审查国库各项收支，实行财政公开”，设立财政委员会，以行政院长为委员长，委员由政府人员及金融界、工商业、经济学者暨有经验的专家组成，“学者”一栏共5人，胡适与马寅初名列其中。胡适在当日的日记中，有对“财委会”的冷嘲热讽，连蒋介石以委员长身份发来电报要他参加第一次会议，他也以生病为由推辞了。

这两篇日记，除了名单之外，并无言及马寅初一字。而且在此后胡适30年的日记中，马寅初的名字彻底消失了。

亦生亦友傅斯年

差一点被“轰”下讲台

初入北大任教授的胡适意气风发踌躇满志，但他的内心深处却隐藏着怯懦与恐惧。他知道北大卧虎藏龙人才济济，而他虽然留过洋受西学浸染，又因倡导文学革命而在国内初露锋芒，但他毕竟只有二十多岁。依传统的眼光，年轻意味着浮浅，容易为人所轻看。

1921 年，在北大任教授时的胡适

胡适的担忧并非毫无缘由。北大学生向来思想激进尖锐，对教授们的学术水平非常挑剔，一旦不满意，就会毫不留情地轰他下台。那时候，判断教授的学术水平高低，很大程度上看他能不能自作讲义，以及讲义中的内容是否够格。曾经有一位名不见经传的教授，因为发给学生们的讲义内容有误而被赶走，大失颜面。

作为当时北大最年轻的教授，胡适以年轻特有的无畏在他制定的《中国哲学史》讲义中大胆地摒弃传统的讲授方法，一改沿袭已久的从三皇五帝讲起的传统教学模式，丢开唐、虞、夏、商，而直接从周宣王讲起。

习惯于其他哲学教授们讲了两年才讲到商朝的学生们拿着胡适的讲义，无不惊诧万分。据当年听过胡适课的顾颉刚回忆说："这一改把我们一般人充满着三皇五帝的脑筋，骤然作一个重大的打击，骇得一堂中舌挢而不能下。"[①] 学生们既愤怒又好奇，既本能地要抗议又忍不住要一探这位"新"教授究竟。于是，他们耐着性子听胡适的课。

听了几堂课，哲学系的学生很快分作两派：一派人以为胡适不如国学大师陈汉章，主张轰他走；另一派人则为胡适的"新"所折服，认为他读的书虽然没有陈汉章大师多，但他的课形式新颖，观点也有创意，主张留下他。

双方争执不下，顾颉刚请与他同宿舍的国文门[②] 的高材生、有"国学小专家"的傅斯年（字孟真）去听胡适的课。傅斯年接连听了胡适的几堂课，很满意。他对哲学系的同学们说："这个人，书虽然读得不多，但他走的这一条路是对的，你们不能闹。"

傅斯年因他出众的才学在学生中有些威信，他这么一说，哲学系的主轰派们也就不再闹了，专心听胡适的课。课听得越多，傅斯年、顾颉刚等同学越觉得胡适这个人"有眼光、有胆量、有断制，确是一个有能力的历史家"[③]。

胡适说他是在若干年以后才知道他差点被轰走的故事，当然也是

①③ 引自顾颉刚《古史辩》第一册（自序）。
② 北京大学"国文门"，即后来的北京大学文学院中国文学系。

在很久以后才知道是傅斯年平息了这场风波，他在1952年12月傅斯年逝世两周年的纪念会上说，“他（傅斯年）在很早的时候就是胡适之的‘保驾人’，在不知不觉中已经替我作了保护的工作”[①]。

1946年，胡适在南京国际联欢社的一次演说中，说他初进北大时，常常提心吊胆，因为他发现许多学生的学问比他强，这其中就有傅斯年，因此他不得不勤奋用功。傅斯年在听了胡适的课之后，与罗家伦、顾颉刚等人常去向胡适请教。胡适为人和气，也是年轻人，与学生们有相当多的共同语言。双方接触多了，彼此熟络起来，渐渐地无话不谈。这个时候，胡适就应该知道那场风波了。

胡适只比傅斯年大5岁，但从严格意义上讲，他是傅斯年的老师。然而，从胡适初入北大始，直到傅斯年于1950年在台湾去世，他俩交往了数十年，虽然傅斯年一直尊称胡适为“先生”，但在胡适看来，傅斯年是他最好的朋友之一。

在胡适日记里，“傅斯年”的名字出现的频率是相当高的。不仅如此，胡适对傅斯年极尽赞美之词。

> 1935年6月6日
>
> 孟真来谈他的古史心得，特别是秦民族的问题，极有趣味。他是绝顶聪明人，记诵古书很熟，故能触类旁通，能从纷乱中理出头绪来。在今日治古史者中，他当然无有伦比。
>
> 1950年12月20日
>
> 孟真天才最高，能做学问，又能治事，能组织。他读书最能记忆，又最有判断能力，故他在中国古代文学与文化史

① 胡适：《傅孟真先生的思想》，转引自《傅斯年传》，焦润明著，人民出版社2002年12月第一版，第41页。

上的研究成绩，都有开山的功用……

国中今日何处能得这样一个天才最高的人！

傅斯年不经意的行为使年轻的胡适得以在北大立足，客观上的确做了胡适的“保驾人”。

学术上的相互影响

1946年9月，胡适自美归国接任北大校长时，与代理校长傅斯年（左）和儿子胡祖望（右）在一起

说来似乎是一种缘分。傅斯年原是章太炎学派的忠实拥护者，是黄季刚的得意门生。然而，自他与胡适交谊之后，学术观念发生了巨变，竟“背叛”师门而转为胡适的坚定追随者，甚至后来再提到章太炎，语气居然暗含轻蔑。

作为北大守旧派的代表人物，黄季刚对《新青年》所提倡的文学革命是深恶痛绝的。作为黄季刚一直器重的学生，傅斯年在胡适的影响下，却越来越靠向《新青年》，并且投身于文学革命，后来干脆发起创办了以“批评的精神，科学的主义，革新的文词”为宗旨的《新潮》杂志（胡适任顾问），成为真正意义上的文学革命的一员骁将。

对于傅斯年的转向，陈独秀起初心存疑窦，甚至怀疑他是“奸细”。胡适却不以为然，反而认为他个性明朗很是可爱。傅斯年1919年自北大毕业后，胡适建议他出国留学。他接受建议，通过了留学考试，被录取为赴欧官费留学生，前往英国。

1926年8月，胡适到英国参加中英庚款委员会会议。会后他又到巴黎进行学术访问。正在德国柏林大学学习的傅斯年闻讯后，特地赶到巴黎。这是他俩自1920年在北大分别后的第一次见面。

在相聚的20天时间里，胡适与傅斯年几乎天天见面。他们白天同往法国国家图书馆看书，晚上同在中国餐馆吃饭，然后就是不停地谈，谈话内容无所不包。

1926年9月1日

傅孟真来，我们畅谈。

下午，与顾君夫妇、孟真，回到颂南先生家中去喝茶。

晚上，还是大谈。

1926年9月2日

这两天肚子很不好，今天没有吃饭，但孟真来了，我们还是大谈。

孟真今天谈的极好，可惜太多了，我不能详细记下来。

1926年9月3日

孟真与楚僧夫妇与何思源来谈。

这个时候，傅斯年已在欧洲学习了将近6年。在这几年里，他发奋读书，广泛涉猎，又勤于思考，在许多问题上有了新的认识，特别是在中国古代文学史方面提出了新的观点。他认为：中国一切文学都是从民间来的，同时每一种文学都经过一种生、老、病、死的状态。从民间起来的时候是“生”，然后像人的一生一样，由壮年而老年而死亡。胡适对这样的新观点很感兴趣，也以为然，更说“这个观念，影响我个人很大”[1]。

当初，傅斯年是受了胡适的影响而投身文学革命的。从这个意义上说，胡适是傅斯年的引路人。同时，傅斯年的某些学术思想和创新也给了胡适很大的启示。因此，与其说胡适是傅斯年的恩师，傅斯年是胡适的大弟子，不如说他俩是彼此的诤友。

胡适虽说在留美时因提倡白话文而名声传至国内，但他在国内暴得大名，还是因为他的《中国哲学史大纲》。这本书自 1919 年 2 月出版后 3 年多，再版了 8 次，发行量近两万册，几乎每个大、中学生的书架上都有它的一席之地。在学术界，虽然也有学人在学术层面上对这本书在某些观点上提出质疑，但大多数学者还是给予了较高的褒奖。

应该说，傅斯年在出国之前就已经看过这本书，但他从来没有公开颂扬过。相反，他以其独有的冷静在给胡适的一封信中，诚恳地规劝：“我在北大期间，以受先生之影响最多，因此极感，所念甚多。愿先生终成老师，造一种学术上之大风气，不盼望先生现在就于中国偶像界中备一席。”这封信虽然不能说给正飘飘然的胡适泼了冷水，但确实让胡适保持了一份平和与冷静。

至于傅斯年对《中国哲学史大纲》的看法，胡适直到 1926 年，即他与傅斯年在法国重聚前，才在傅斯年写的一封信中了解到。傅说：“觉得先生这部书，在一时轰动的效力上论，自是大不能比的，而在这书本身的长久价值论，反而要让你的小说评论居先。何以呢？在中国古代哲学上，已经有不少汉学家的工作者在先，不为空前。先生所用的方法，不少可以损益之处，难得绝后。”

此时距该书出版已有数年之久，胡适发热的头脑早已冷却，也就

---

① 胡适：《傅孟真先生的思想》，转引自《傅斯年传》，焦润明著，人民出版社 2002 年 12 月第一版，第 137 页

能够平心静气地接受如傅斯年意见，何况傅斯年的态度又是真诚的。他细读傅斯年的信，再重读《中国哲学史大纲》，深觉傅斯年所说在理。一年后，他在《整理国故与“打鬼”》一文中，承认该书仅具“革命”意义而已。

就《中国哲学史大纲》中的具体问题，比如，胡适认为孔子主张“三年之丧，天下之通丧”是在“说假”。傅斯年对此却不以为然，他用古史二元文化观认为“孔子以三年之丧为通丧是不错的”。1952年，胡适在傅斯年逝世两周年的纪念会上，说：“我接受了他的观念，写了一篇五万字的文章，叫作《说儒》。”

在胡适日记中，也可见他在写《说儒》时曾经受到过傅斯年的影响：

1934年3月20日

孟真来谈。他昨晚送来他的旧稿《周东封与殷遗民》诸文，于我作《说儒》之文甚有益。已充分采用。今天我们仍谈此题。

傅斯年回国后在中山大学执教期间，为了提高文史类学科的学术水平，联合顾颉刚等人创立了中山大学语言历史研究所。中央研究院成立之后，他说服蔡元培，成立了中央研究院历史语言研究所。这时，他辞去中大教职，专职从事研究工作。他在主持研究所工作期间，主持了以科学方法对殷墟的发掘工作，从而发现了大量殷代铜器及甲骨文。为此，他撰写了有关学术论文。胡适对他的有关文章很欣赏，认为贡献极大。

1931年2月17日

孟真来谈。读他的《新获卜辞写本后记跋》，此文论二事，一因卜辞“伐芈”而论“楚之先世”，一因卜辞“命周侯”

而论“殷周的关系”。两题皆极大贡献，我读了极高兴。

1931年2月18日

下午孟真来谈古史事，尔纲也参加。孟真原文中说，“每每旧的材料本是死的，而一加直接所得可信材料之若干点，则登时变成活的”。此意最重要。

历史语言研究所在傅斯年的精心经营下，虽历经战乱数次搬迁，却始终安然，所里的珍贵资料也得以完整地保存下来。论及原因，胡适将之归结于傅斯年是个“很好的领袖”。

1935年5月4日

孟真是个很好的领袖，他有眼光，又有气力，所以他办史言所成绩很好。

胡适这篇日记的写作前提是北大正筹划着组建一个文科研究所。正担任文学院院长的胡适曾经就此征询傅斯年的意见。傅斯年给了胡适三点主张：组织一个研究所委员会；注意三四年级学生的参加研究工作；与中央研究院的史语所合作。

其实早在1931年年初，胡适自沪返京担任北大文学院院长兼中文系主任时起，他就一直与傅斯年保持着密切联系。有关北大的大小事务，他在做出决定前，总是要听听傅斯年的意见。

傅斯年自从欧洲归国后，先是在广东中山大学执教。1930年年底，由胡适主持的中华教育文化基金会下属的编译委员会成立。在延聘委员会委员时，胡适自然不会忘记傅斯年。这时，胡适刚刚从上海返回北大任职文学院院长，辅助代理校长蒋梦麟欲重振北大。于是，在这个期间的日记里，常看到他与傅斯年“谈北大事”。

1931年2月25日

晚上与梦麟、孟真谈北大事。

1931年3月5日

在会里与梦麟、叔永、孟真、翁咏霓商量北大问题。

当时的北大，教育经费严重不足，教职员工的工资极低，矛盾很大。中华教育文化基金会的董事、协和医学院院长，美国人顾临有心以基金会的名义对北大进行改革。胡适也有意请求基金会援助。

1931年3月12日

写成昨拟《北大与中基会合作计划》。晚上与叔永、咏霓、孟真看了，又略有修改。

在与顾临商量后，胡适与傅斯年最终确定了一份《北京大学与中华教育文化基金会合作研究特款办法》。蒋梦麟面临经济困窘，一度压力很大，不免有些心灰。胡适却请傅斯年出面去劝：

1931年1月30日

梦麟今早来谈，下午又来谈，皆为北大事。……晚上我与孟真谈，请他劝梦麟努力振作。

看得出来，这个时候，胡适很看重傅斯年，也很倚重傅斯年。

基金会于1931年4月通过了与北大的合作议案，即合作设立研究教席及奖学金，为此又成立了“顾问委员会”以监督财务使用。胡适与傅斯年同为该顾问委员会的顾问。

胡适是在1938年出任驻美大使期间被任命为北大文科研究所所

长的，他实际上并未到任。相比较文科研究所和中央研究院历史语言研究所，显然史语所既成规模也具实力。之所以如此，胡适说关键在人才。

1947年9月24日

今天出席文科研究所会。使我感觉北大今日办文史研究所人才还大缺少。

1947年10月14日

今天史语所全体请陈援庵丈与我茶会，援庵说了一段话，我也说了一段话。我仍用“勤、谨、和、缓”四个字为题，说治学方法。史语所中很有人才。孟真确是一个好导师。

政治上的共同进退

1926年在法国时，胡适和傅斯年大谈文学、历史以外，曾经宣称“不谈政治”的胡适还是忍不住要谈谈政治的。

1926年9月7日

与孟真谈政治。

对于政治，胡适与傅斯年是有些分歧的。

1926年9月18日

晚上，与孟真论政治。他总希望中国能有一个有能力的Dictator who will impose some order & civilization on us.（会

施于我们某种秩序和文明的独裁者）我说，此与唐明宗每夜焚香告天，愿天早生圣人以安中国，有何区别？况Dictator（独裁者）如Mussolini（墨索里尼）之流，势不能不靠流氓与暴民作事，亦正非吾辈所能堪。德国可学，美国可学，他们的基础皆靠知识与学问。此途虽迂缓，然实唯一之大路也。

傅斯年是曾经的五四运动先锋，却似乎并没有真正领略“民主”精髓。在文化上，他提出打碎一切偶像，却又要“提着灯笼沿街寻‘超人’”[①]；在政治上，他将希望寄托于“独裁者”。胡适的一生，一直在与“独裁”抗争，即便他与蒋介石、国民党走得很近，也始终不忘以“诤友”的身份竭尽全力试图将蒋介石从“独裁”的位置上劝下。因此，他是不能接受“将中国的希望系于‘独裁者’身上”这样一个有悖“民主”思想的观念的。

然而，分歧归分歧，这并没有妨碍胡适与傅斯年的私人友谊、事业互补与政治共进。

“九一八”事变后，胡适伤感地说：“大火已烧起来了，国难已临头了。……我们这些‘乱世的饭桶’在这烘烘热焰里能够干些什么呢？”在这样的情势下，一班知识分子如傅斯年、丁文江等人或聚在胡适家中，或集在欧美同学会，讨论世界局势和国家前途。不知是谁起的意，就有人附和建议办一个刊物，取名《独立评论》。

对于办政论性刊物，此时的胡适并不热衷。在这之前，他有过办《新月》《努力》周报的经验，尝过其中的艰辛与酸楚。但是，傅斯年却恰恰相反，他不仅自己态度极为积极，而且大力怂恿胡适参与。也不知是碍于情面，还是胡适实在不忍拂逆傅斯年，他勉强答应了。对此，

① 傅斯年：《随想录》，载《新潮》第一卷第5号。

胡夫人江冬秀颇不满，她在丈夫继《新月》惹恼“政府”而差点遭“通缉”后一直很反对他再办政论性刊物。事后很多年，江冬秀再谈起《独立评论》，总是有些怨气地说，当初胡适是被傅胖子拉去的。

《独立评论》其实并不能做到完全的独立，它事实上成了“政府”的“喉舌”，因此拉近了胡适、傅斯年与“政府”、与国民党、与蒋介石的关系。胡、傅也因此而逐渐被“政府”所重用。如果这是胡适所希望的，那么，他还要感谢傅斯年呢。

从创办《独立评论》这件事上可以看出，在政治上，傅斯年似乎比胡适更积极一些。实际上，胡适的确比傅斯年更多些书生气，而傅斯年却对政治以及军事等有着比胡适多些的思考和观点。这在胡适日记中，有所反映。

1948年9月29日

晚八点在总统官邸吃饭，同席者傅孟真。孟真谈军事政治，我很少意见可以提出。

经历了十多年的学术交流和事业合作之后，此时的胡适早已视傅斯年为诤友而非学生，因而也就越来越采纳傅斯年的建议。

抗战初期，蒋介石有意让胡适往英、美游说以争取他们在精神上和物质上的支持。胡适却以“要与南京共存亡”为由拒绝了。许多朋友都来劝他，他都不为所动。只有在傅斯年的竭诚劝说之下，他才答应了。胡适没有在日记里记述傅斯年的哪些话打动了他，或许他就是看在傅斯年的面子上，才勉为其难答应的。

出国后第二年，胡适被任命为驻美大使，而他与行政院的书信，往往都是通过傅斯年转交。在外人看来，傅斯年似乎就是胡适在国内的代言人。

也许就是这个原因，抗日战争胜利后的1945年8月，国共双方在重庆谈判时，毛泽东委托傅斯年向胡适问好。

也就在这个月，北大校长蒋梦麟卸任，国民党政府有意让傅斯年接任。教育部长朱家骅前去说服，傅斯年婉拒并力荐胡适。他说："目下只有胡先生（任校长）一法，只有他能号召人。"[①]随后，他又写信给蒋介石，说："适之先生经师人师，士林所宗，在国内既负盛名，在英美则声誉之隆，尤为前所未有。今如以为北京大学校长，不特校内仰感俯顺舆情之美，即全国教育界，亦必以为清时佳话而欢欣；在我盟邦，更感兴奋，将以为政府选贤任能者如此，乃中国政府走上新方向之证明；所谓一举而数得者也。适之先生之见解，容与政府未能尽同，然其爱国之勇气，中和之性情，正直之观感，并世希遇。……今后平津将仍为学校林立文化中心之区，而情形比前更复杂。有适之先生在彼，其有裨于大局多矣。"[②]

其言辞如此诚恳，又理由充足，"政府"最终接受了他的提议，决定任命胡适为北大校长，但在他回国以前，由傅斯年代理。一年后，胡适归国，傅斯年随即将工作移交给了胡适。9 月 20 日，胡适亲自主持了欢送代理校长傅斯年的茶话会，高度评价和盛赞傅斯年这一年多的工作。其实，与其说胡适是对傅斯年工作的颂扬，不如说是他对傅斯年大度辞让的感激。

然而，胡适在北大校长的位置上仅仅坐了两年，他和傅斯年的许多复兴北大的理想和愿望都还没有来得及实现，就不得不匆忙而去。

① 郑克扬：《北大复校时期的傅斯年与郑天挺》，载《文史精华》1999 年第 7 期。
② 傅斯年：《上蒋主席书》。

1946 年 7 月，刚刚从美国回国的胡适与傅斯年

极尽褒奖与夸赞

长期以来，胡适与傅斯年交谊深厚，彼此几乎无话不谈。傅斯年就连身世、恋爱时的心情等都和盘托给胡适：

> 1934 年 5 月 21 日
>
> 孟真来夜谈，谈他的身世，谈了三四点钟。
>
> 他走时，已半夜了……
>
> 1934 年 6 月 20 日
>
> ……约孟真到北京饭店乘凉吃饭。孟真约了他的女友俞大彩女士同来。孟真在恋爱中已近两月，终日发疯，有一天来信引陶诗“君当恕醉人”，误写作“罪人”。我作打油诗调之：
>
> 是醉不是罪，先生莫看错。
>
> 这样醉糊涂，不曾看见过！

胡、傅之间的私人感情也影响到两位夫人。1949 年 1 月 14 日，胡夫人江冬秀和傅夫人俞大彩同船从上海去了台湾。

同年秋，因胡适留在大陆的二儿子胡思杜公开发表了批胡文章《对我的父亲——胡适的批判》而使胡适陷于极度尴尬境地。傅斯年主动站出来，在日报上发表文章，为胡思杜的行为极力辩解。这给了胡适很大的安慰，也使他对傅斯年又多了份感激。因此，当他得悉傅斯年病逝后，深感悲痛与惋惜。

1950 年 12 月 20 日

今天下午四点半，宋以忠夫人（应谊）打电话来说，“AP”（美联社）报告傅斯年今天死了！

这是中国最大的一个损失！……

他对我始终最忠实，最爱护。他的中国学问根柢比我高深的多多，但他写信给我，总自称“学生斯年”，三十年如一日。

我们做学问，功力不同，而见解往往相接近。如我作《词选》序，指出中国文学的新形式，新格调，往往来自民间，遇着高才的文人，采用这种新方式，加上高超的内容，才有第一流文学产生。后来低能的文人只能模仿，不能创造，这新方式又往往僵化，成为死文学。孟真有“生老病死”的议论，与我很相同。

又如我的“说儒”，大得他的《周东封与殷遗民》一文的启示，我曾公开叙述。

现今治古史的人，很少能比他的“大胆的假设”与“小心的求证”！

送走夫人两个月后，胡适在傅斯年的陪同下到台湾，在中山堂作了《中国文化里的自由传统》的演讲，然后返回上海，4 月 6 日从上海乘船去了美国。在此前一年的 8 月，傅斯年已经就任台湾大学校长。

傅斯年是在 1950 年的 12 月 20 日因患脑出血去世的。此时，胡适仍然居留美国。接到消息，他随即给傅夫人俞大彩发了唁电：

> 1950 年 12 月 21 日
>
> 早起得毛子水的电报：（英文）“傅孟真于星期三晚十一点去世。”我真伤心！
>
> 上午，发一电给大彩：（英文）傅孟真的去世，使中国失去了一位最有天才的爱国者，我自己则失去了最好的朋友、诤友与保护人。……

报知遇之恩，四救陈独秀

提及胡适，不能不提《新青年》；提及《新青年》，又不能不提陈独秀。《新青年》的前身《青年》是陈独秀于 1915 年 9 月在上海创刊的。胡适那篇著名的文学革命开篇之作《文学改良刍议》就是由《新青年》率先向外推广的。可以说，新文化运动自此发端。因此，胡适由衷地说："当年如果不是陈独秀如此不容讨论余地，文学改革、白话文就不会有如今效果。"[①]

参加清乡试时的陈独秀

胡适与陈独秀因《新青年》结缘，陈独秀因此力荐胡适入北大任教授。因此，陈独秀对于胡适，又多了份知遇之恩。这份恩，胡适注定是要报答的。

① 胡适：《四十自述》。

“二十年不谈政治”

随着陈独秀、胡适应北大校长蔡元培之邀分别任北大文科学长、文学教授而先后进京后，《新青年》也从上海转移至北京。从1918年第四卷起，《新青年》开始由同人轮流编辑，陈独秀、胡适自然是主要编辑人，其他还有李大钊、钱玄同等，主要撰稿人有周树人、周作人、陶孟和等。

《新青年》创刊初期是不谈政治的。编辑部曾经约定的基本方针就是：二十年不谈政治。而这个基本方针的确立，正是基于胡适所首倡的“二十年不谈政治，二十年不干政治”的处世思想。然而很快，陈独秀、李大钊等就意识到知识分子完全脱离政治而空谈学术是错误的。于是，自李大钊宣扬马克思主义的文章开始，《新青年》逐渐政治化了。这引起不热衷政治的其他同人的不满。为了缓和矛盾，也为了更加畅快淋漓地谈论政治，陈独秀、李大钊于1918年12月创刊《每周评论》。

严格算起来，胡适与陈独秀志同道合的时间极为短暂。自陈独秀热衷政治后，便与胡适有了分歧。在新创办的《每周评论》上，陈独秀发表了一系列涉及敏感政治问题的文章。看了这些文章，胡适不禁惊呼：“想不到仲甫越来越‘左倾’了。”这时候，他对陈独秀以及《新青年》未来的走向，产生了些许担心。

陈独秀的大量针砭时政的文章，实际上吹响了随后爆发的五四运动的号角。当运动来到时，胡适正在上海陪同来华讲学的恩师杜威。他接到陈独秀兴致高昂的有关运动消息的通报函时，大不以为然。在很多年以后，胡适在他的《口述自传》中这样评价五四运动：“从我们所说的‘中国文艺复兴’这个文化运动的观点来看，那项由北京学生所发动而为全国人民一致支持的，在1919年所发生的‘五四运动’，实是这整个文化运动中的，一项历史性的政治干扰。它把一个文化运动转变成一个政治运动。”

因此，胡适对运动而造成的学生罢课行为非常痛恨，他一再要求学生复课。眼见复课不成，他又主张将北大迁到上海以避运动浪潮，并发起征求意见签名。陈独秀对胡适的行为也恼怒异常，却又碍于两人的私交而不便直言，只能痛责在征求意见书上签名的激进学生傅斯年、罗家伦等人，算是做给胡适看。

从这件事上已可看出，胡适和陈独秀终究是要各行其道的。

即便新创办了《每周评论》，《新青年》仍然朝政治大步迈进。1919 年 5 月的六卷第五号出了“马克思主义专号”，李大钊发表《我的马克思主义观》。在次年的七卷第六号上又出了“劳动节纪念专号”。

面对《新青年》由原先的侧重思想文艺转而高度政治化，原编辑人和主要撰稿人选择离开或很少再在《新青年》上发表文章。《新青年》又回归由陈独秀单独编辑。随着陈独秀离开北大去了上海，《新青年》又重新回到了它的“出生地”。

胡适也曾经在《每周评论》上发表过文章，但也仅限于文论而不涉及政治。他给《新青年》的稿子也日渐减少，因为他对《新青年》的政治化也有怨言。

然而，胡适的心情是复杂的。他对《新青年》的政治化有抵触，但他对陈独秀这个人还存有一份感激；胡适性情温和，但又很讲原则。于是，他很想公然反对，却又顾虑重重。

1920 年 12 月 6 日，胡适收到陈独秀从上海寄来的一封信。陈独秀在信中承认《新青年》的政治色彩是过于浓重了，表示愿意以后仍以趋重哲学文学为是，希望胡适等北京同人一如既往地给予支持。胡适抓住这次机会，在回信中直言：“《新青年》色彩过于鲜明，此是已成之事实，今虽有意抹淡，似亦非易事。”同时，他给陈独秀提出三个解决办法：第一，另创一个哲学文学杂志；第二，《新青年》移回北京，发表新宣言，注重学术思想艺文的改造，不谈政治；第三，胡适转述了陶孟和的建议，即《新青年》既然已被政府勒令停止邮寄，不如暂时停办。胡适本人倾向于前两个办法，而并不主张《新青年》停办。

胡适没有想到他的信引起陈独秀的误解。陈独秀以为自《新青年》“起家”的胡适功成名就后又力主停办《新青年》。为了消除误会，胡适又退让一步，取消第一、三条办法，只取第二条，甚至将第二条的“不谈政治”也不谈了。

最终，《新青年》还是没有回到北京。陈独秀在给胡适的信中说：“我不赞成《新青年》移北京，老实说是因为近来大学空气不大好。……你们另外办一个报，我十分赞成，因为中国好报实在太少了，你们作出来的东西总不差。但我没有工夫帮助文章。”显然，他对胡适还是有些怨气的。

胡适与陈独秀因《新青年》走到一起，却又因《新青年》分道扬镳。究其原因，很简单，那是由自由主义者和马克思主义者的不可调和造成的。

大骂法国人“不要脸”

胡适为救陈独秀，不遗余力

尽管在政治倾向上，胡适与陈独秀是有分歧的。但是，胡适是个念旧的人，也是个记恩的人。因而，他与陈独秀始终保持着一份友情，甚至在公开场合直言陈独秀是“我的一个心直口快的朋友”。

陈独秀一生四次被捕，胡适每次都积极参与营救。看他的日记，其中记录陈独秀的文字，也多半涉及于此。

1919 年 6 月 12 日，陈独秀第一次被捕，原因是散发自拟的《北京市民宣言》

传单。当时的陈独秀痛恨北洋政府对外出卖国家主权，对内镇压人民的恶劣行径，经与李大钊等人商议后，拟定《北京市民宣言》，向北洋政府提出五条“最后最低之要求”，其中之一是撤换曾经大肆逮捕学生并有“屠夫”之称的步兵统领王怀庆。

胡适虽然不如陈独秀激进，但他并不否认北洋政府的确恶行累累，因此参与了传单的英文翻译和联系印刷等工作。

事发前，胡适与陈独秀、高一涵同在北京城南一个叫“新世界”的娱乐场所喝茶聊天。其间，陈独秀将传单散发给邻桌。不久，胡适和高一涵先走了，只留下陈独秀一人继续散发他的传单。很快，警察来了，抓走了陈独秀。

当天夜半，胡适接到友人电话方知陈独秀被捕了，遂紧急联系安徽同乡设法营救。他更利用他的名望以及与警察厅厅长的同乡关系，致书恳请保释，说：“陈独秀所著言论或不无迂直之处，然其学问人品亦尚为士林所推许。我们与陈君咸系同乡，知之最稔。”与此同时，他又给《时事新报》主编张东荪写信，披露陈独秀在狱中遭受身患重疾却不能获得医疗等非人道待遇。这样的消息一经公开，立即赢得舆论的广泛支持，也使得当局感受到了压力，不得不在 83 天以后释放了陈独秀。

陈独秀被捕后，胡适负责接办《每周评论》，直到该杂志被当局查封。陈独秀出狱后，一度住在胡适家中，后在李大钊的帮助下南下去了上海。

1921 年 10 月 5 日，陈独秀第二次被捕，原因是明知故犯继续出售已被查封的《新青年》杂志。这次逮捕他的是上海法租界当局。此时，陈独秀的身份已经不仅仅是大学教授、《新青年》主编，而是中国共产党的创始人之一、共产党的总书记了。因而，他的被捕立即引来众多目光的关注。

胡适是第二天才获得消息的，他在日记里这样记道：

1921年10月6日

夜间得顾名君电话，说独秀昨夜在上海被捕。打电话与蔡孑民先生，请他向法使馆方面设法。法国人真不要脸！

胡适向来以温文尔雅示人，却因陈独秀的被捕而破口大骂“不要脸”，可想而知他的激愤心情以及对陈独秀的担忧，更可见他对陈独秀情意的深重。尽管此时的陈独秀已经选择了与他完全不同的政治道路，但他并没有因为见解的不同而丢弃人道精神。

与第一次一样，胡适随即展开了营救。他首先打电话给蔡元培，请他向法使馆交涉。蔡元培并不同意胡适的办法，他另有打算。胡适在日记里记道：

1921年10月7日

今天得蔡先生电话，他说已和铎尔孟商量，他们主张不和使馆办交涉，因为使馆是很守旧的。他们拟由蔡先生和我们发一电给上海法领事。此人较开通，或有可以设法之处。

胡适认可了这个办法。随即他和蔡元培牵头，由北京文化教育界的知名学者、教授签名，给上海法国领事馆发电报，要求释放陈独秀。不仅如此，他还不放过任何一个为陈独秀说情的机会，特别是在法国人面前。

1921年10月10日

法国人A.Monestier请我吃饭，并会见M.Paul Demieville。D.君能读中文书，曾读我的《哲学史》，有翻译成法文的志愿，但尚未能自信。M.君为法文《政闻报》主笔，我提起独秀事，颇切责法国人的行为。他亦无以答辩。

在蔡元培和胡适等人努力营救之时，共产国际驻中共代表马林以及孙中山等人也四方活动，法租界最终对陈独秀“罚洋 100 元，销毁查抄书籍”后，将其释放。

1922 年 8 月 9 日，陈独秀第三次被捕。这次抓他的仍然是上海法租界巡捕房，理由是“收了俄罗斯的巨款”。第二天，胡适得悉消息：

> 1922 年 8 月 12 日
> 前晚始知独秀在上海被法捕房拘捕。守常（即李大钊）有电去问，至今还不知详情。

起初，胡适和李大钊等人意欲保释，便委托上海亚东图书馆经理、也是胡适和陈独秀共同的朋友汪孟邹设法打听消息并向巡捕房交涉。然而，几天后，胡适收到汪孟邹的信，明确表示交保不成。

> 1922 年 8 月 13 日
> 孟邹有快信来，说独秀案十一日开庭，法捕房呈出许多证据，公堂不准交保。

既然巡捕房呈出许多证据，如果有相反证据证明这些证据都是不能成立的，或者说有足够的理由驳斥这些证据，那岂不是就可以力挽败局？胡适深知这一点，于是，他请汪孟邹去打听巡捕房呈出的这些证据到底是什么，以便对症下药。很快，汪孟邹又有信来了，详细列举了陈案中的重要证据。经仔细研究后，胡适给外交总长顾维钧（字少川）写了一封长信：

> 1922 年 8 月 16 日
> 写一长信给顾少川，详说独秀案内证据，并说法国人近

顾维钧

年做的事，实在大伤中国青年的感情，——指昨日十个革命团体敬告国人书为证，——请他以此意劝告法公使，请他们不要如此倒行逆施，惹出思想界“排法”的感情。末说，我并不为独秀一个人的事乞援；他曾三次入狱，不是怕坐监的人；不过一来为言论自由计，二来为中法两国国民间的感情计，不得不请他出点力。此信甚恳切，当可有点效果。

果然如胡适所料，顾维钧接到胡适言辞恳切又理由充足的信后，便派秘书去法使馆交涉。很快，事情就解决了。胡适在日记里又记道：

1922年8月19日

今天顾少川的秘书刘□□打电话来，说顾君得我信后，即派他到法使馆，把我的意思告诉他们。法公使即发电去上海，今天已得回电，说独秀罚洋四百元了案了，也没有逐出租界的事。我写信去谢谢少川。

陈独秀出狱后，胡适又与蔡元培、李石曾、蒋梦麟、邓中夏、李大钊等，在《为陈独秀君募集讼费的启事》上共同署名。

绞刑架下施援手

转眼过去了 10 年，1932 年 10 月 15 日，已经被中国共产党开除党籍的陈独秀在上海的公共租界被国民党工部局逮捕。这是他第四次被捕，坐牢长达 5 年。然而，在这 5 年里，胡适从来没有放弃过对他的营救。

尽管此时的陈独秀已经是个自由分子，但他反对国民党政府的行为仍然很像是共产党员，因而一直是国民党追捕的对象。也是因为如此，陈独秀自然是以“政治犯”的名义被捕的。既然是“政治犯”，有人便主张在非常时期，对待政治犯，应当斩立决。

在这紧要关头，胡适联合丁文江、傅斯年、翁文灏、任鸿隽等学界名流向当局请求将陈案由军事法庭移交民政司法庭，并呼吁法院公开审判。同时，他又与外交部部长罗文干致信蒋介石，请求“依据法律进行特赦”。

深受西学浸润，崇尚民主与法治的胡适一贯注重法律的神圣与权威性。在他看来，所有的问题无所谓政治不政治，而都应当以法律处之。比如，他就是因为主张以法律手段对待所谓的政治犯，而非以政治方法特赦政治犯，从而被中国民权保障同盟会开除了盟籍。面对陈独秀被以政治犯待之，胡适当然不能容忍。

此时，蒋介石是很看重胡适这位“诤友”的，他很清楚胡适日后可能的利用价值，因此对胡适不得不敬重三分，自然不敢怠慢胡适的建议。尽管他远在武汉，却亲自将陈案的移交情况电告胡适。

一番努力之下，陈独秀最终被移交到江苏高等法院。同时，法院同意公开审判，并允许陈独秀请律师。

不仅如此，胡适利用讲学之机，广泛宣传陈独秀对文学革命所作的贡献。他在给北京大学国文系作题为《陈独秀与文学革命》的专题演讲时，明确陈独秀的三大贡献是：“（1）由我们的玩意儿变成了文学革命，变成三大主义；（2）由他才把伦理道德政治的革命与文学合成一个大运动；（3）由他一往无前的精神，使得文学革命有了很大的收获。”

胡适的可贵在于他不以政见的不同而全盘否定一个人。他并不认同陈独秀的政治思想，但他始终承认陈独秀的文学革命精神。这或许就是他三番五次极力营救陈独秀的原因所在。

胡适的行为客观上给法院的审判施加了压力。陈独秀最终被免于一死，被以触犯《危害民国紧急治罪法》为由于1933年4月被判处有期徒刑13年。尽管这已经是不幸中的大幸了，就连陈独秀也很感激地致信胡适，说：“此次累及许多老友奔走焦虑，甚为歉然。”但胡适对此判决仍有不满，他认为陈独秀理应无罪开释。所以，他继续努力着。

当年6月，胡适在去美国访问前夕，经过南京时，与教育部长段锡朋（字书贻）一同前往看守所看望陈独秀。为此，他特别在日记里记道：

> 1933年6月13日
>
> 正午到教育部……
>
> 饭后与书贻同去看陈仲甫。慰慈、仙槎同去。仲甫仍住看守所，室中书籍满架，此种生活颇使我生羡。他仍有胃病，但精神甚好。他现研究古史。

当然，胡适并非羡慕陈独秀坐牢，而是羡慕他因坐牢而有了可以坐在书斋中潜心做学问的那份宁静与平和。此时，他已经或自觉或被动地参与到政治中去了，欲罢不能，因此多了份对时事纷扰的牵挂与担忧，而少了份埋首书堆里的单纯与闲适。他在给友人的信中也流露出这样的情怀：“弟弟与诸兄说及，羡慕陈仲子匍匐食残李时多暇可以著述。”陈独秀在狱中曾写信给胡适，劝他放弃从政，说：“先生著述之才远优于从政。”然而，政治又怎能是说放下就能放下的。在探望陈独秀时，胡适给他带去了许多书。他似乎有意让陈独秀利用坐牢这样虽说是迫不得已但客观上可以使浮躁的心情安定下来的机会，实现他自己一时难以实现的成为一个纯粹的学问人的愿望。

但是，胡适还是希望陈独秀能够尽快出狱的。1937 年 8 月，他在赴美前曾经在致信汪精卫时，提出请他出面。汪精卫倒也给面子，给胡适写信，说：“手书奉悉，已商蒋先生转司法院设法开释陈独秀先生矣。”

拿着汪精卫的信，胡适兴致勃勃地又去探视陈独秀，并将汪信给他看。陈独秀对胡适的不遗余力，很是感激，由衷地说：“适之，我每次吃官司，都给你添麻烦。”

此时国内的抗日环境，已容不得蒋介石再在陈独秀身上花工夫，何况陈独秀也已吃了五年牢饭，算是报应过了。于是，蒋介石一点头，司法院长居正便向国民政府主席林森递交了“请将陈独秀减刑”的公文。林森批复后，报刊纷纷刊登“国府明令”，宣告陈独秀减刑。8 月 23 日，陈独秀就被释放了。

出狱之后的陈独秀定居四川江津，贫病交加。已经远赴美国出任驻美大使的胡适没有忘记这位老友，通过美国的一家图书公司，请陈独秀去美国写自传。其实早在陈独秀出狱初期，胡适就请他参加“国防参议会”，但被他拒绝了。如今，生性孤傲的陈独秀再一次拒绝了胡适的好意，他写信给胡适，说：“我生活要求简单，也不愿去异国他乡，更厌烦见生人，所以，还是不去美国的好。”

1949 年春，已经在美国当寓公的胡适在给《陈独秀最后对于民主政治的见解（论文和书信）》一书作序言时，说：“独秀的最大觉悟是他承认‘民主政治的真实内容’有一套最基本的条款——一套最基本的自由权利——都是大众所需要的，并不是资产阶级所独霸而大

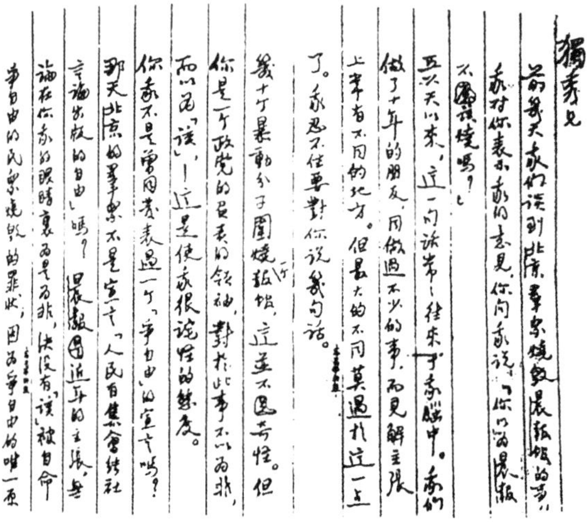

獨秀兄：

前幾天我們談到北京群眾燒毀晨報館的事，我對你表示我的意見，你問我說：「你以為晨報不該燒嗎？」五六天以來，這一句話常常往來于我腦中。我們做了十年的朋友，同做過不少的事，而見解主張上常有不同的地方。但最大的不同莫過於這一點了。我忍不住要對你說幾句話。

幾十個暴動分子圍燒一個報館，這並不奇怪。但你是一個政黨的負責的領袖，對於此事不以為非，而以為「該」，這是使我很詫怪的態度。你我不是曾同發表過一個「爭自由」的宣言嗎？那天北京的群眾不是宣言「人民有集會結社言論出版的自由」嗎？晨報近年的主張，無論在你我的眼睛裏為是為非，決沒有「該」被自命爭自由的民眾燒毀的罪狀，因為爭自由的唯一原

胡适致陈独秀的信手迹

众所不需要的。”同时，他在评价陈独秀的《我的根本意见》时，说：“陈独秀以为的民主政治的真实内容，是一切公民（有产的与无产的，政府党和反对党），都有集会、结社、言论、出版、罢工之自由。他更申说一句：特别重要的是反对党派之自由。在这十三个字的短短一句话里，独秀抓住了近代民主政治的生死关头。近代民主政治与独裁政治的基本区别就在这里，承认反对党派之自由，才有近代民主政治，独裁制度就是不容许反对党派之自由。”

从胡适对陈独秀思想的这段分析中，便可以知道他何以始终将陈独秀视作他的朋友。对民主政治的追崇、对独裁政治的鄙视是他俩的共同点。

1959年10月，胡适在和友人谈话时，重提北大那段如火岁月时说：“从前在北大时，人家把北大教授分作浙江派、安徽派，浙江的人才多，安徽只有陈独秀和我。”

与辜鸿铭，道不同而以君子待之

思想早有分歧，继而笔墨交锋

1914年6月7日

顷见辜汤生所作《中国民族之精神》一论，引梁敦彦事，谓梁之欲做官戴红顶子者，欲以悦其老母之心耳（*The Chinese Rev vol.I*，No.1，p.28）。此即毛义捧檄而喜之意。毛义不惜自下其人格以博其母之一欢，是也；然悬显亲为鹄，则非也，则私利也。

《中国民族之精神》是辜鸿铭（名汤生）在北京东方学会上宣讲的论文，遂于1914年6月发表在英文报纸《中国评论》上。广东人梁敦彦是我国第一批赴美留学的幼童之一，曾与辜鸿铭同在张之洞手下任职，官至外务部尚书。辜鸿铭在文中，为了说明中国人过的是一种心灵的生活、一种情感的生活而具有“同情的力量”，举了他称之为“一位好朋友和同僚”的梁敦彦的例子：“梁先生告诉我，当他首次被任命为汉口道台时，他心中充满了希望，并且发誓要努力奋斗成为一个达官贵人、穿上饰有红纽扣的华贵的官服。他得到这个职务时非常快乐，但这并不是因为他多么看重官服，也不是因为他从此可以发财，那时我们在武昌都很穷。他快乐的原因是因为他升迁能够使广东的母亲感到欣慰和欢喜。”

在美国留学的胡适看到这里，颇不以为然，觉得将博父母欢心作为个人的奋斗目标，还是一种利己行为。

1919 年夏，辜鸿铭与胡适有过一场笔墨交锋，胡适以笔名“天风”在 8 月下旬的《每周评论》上，对此有简略的叙述：

> 胡适之在英文《密勒评论报》上做了一篇论文学革命的文章，辜鸿铭做了一篇文章痛骂他。后来又有一个人写了一封信反驳辜鸿铭，辜鸿铭生了气，又做了一篇长文痛骂留学生与文学革命。他说：中国十人有九人不识字，正是我们应该感谢上帝的事。要是四万万人都能读书识字，那还了得吗？要是北京的苦力、马夫、汽车夫、剃头匠、小伙计……等人都认得字，都要像北京大学生那样去干预政治，那还成个什么世界？……
>
> 我看了这篇妙文，心里很感动。辜鸿铭真肯说老实话，他真是一个难得的老实人！

当然胡适并不是真的为辜鸿铭的“老实”感动，他是在挖苦辜鸿铭。文中所说辜鸿铭作的一篇痛骂他的文章，发表在 7 月 12 日的《密勒评论报》（*Millard's Review*）上。辜鸿铭认为胡适所宣扬的文学革命的主张虽然听起来激动人心实际上却空洞虚无：

“当胡适教授用他那音乐般的声音谈论‘活文学’和‘重估一切价值’，谈论‘为观念和思想的彻底变革铺路，唯有此种变革，能够为全民族明智而积极地参与共和国的重整完美地创造条件’时，我敢肯定，许多在中国读到这些激情冲动之辞的外国人，都将如坠云里雾里，不知所云。用句简明的英文来说，可称之为‘套鸟的圈套’。”

辜鸿铭对胡适“文言不能创造活文学”的观点大不以为然，他写道：“身为中国的一位学者，居然说出文言不适合创造活文学的话，他一定是个——借用一位美国太太最近出版的题为《北京灰尘》书中的一句妙语——‘外表标致的道德上的矮子’。”

辜鸿铭还引了遣词用句典雅的莎士比亚的一段诗，然后用通俗的英文将它翻写，两相对照，以印证中国文言与白话的高下，以此证明胡适及其他归国留学生文学革命主张的“极端愚蠢”。

至于使辜鸿铭“生了气”的一封信，还是胡适以《密勒评论报》通讯员的名义写的。胡适以当今世界通俗英语比莎士比亚语言流行更广泛来驳辜鸿铭，把中国有 90% 文盲的原因归结于文言文难学。

作为回应，辜鸿铭撰写长文《归国留学生与文学革命——读写能力和教育》发表在 8 月 16 日的《密勒评论报》上。辜鸿铭以吃面包果酱的人多于吃鸡的人，而鸡比面包果酱更有营养为例来驳胡适[①]，又写道：

“你的通讯员抱怨在中国 90% 的人都不识字，‘因为中国的文言太难学了。’我认为，我们所有的人，包括外国人，军事家、政治家，尤其是我们那些回国的留学生们，现在在中国还能有这么好过的

① 关于文言文难学与否的问题，辜鸿铭在他的论文集《中国人的精神》（又名《春秋大义》或《原华》）中的一篇《中国语言》中，也有所论及，但与此所论不同，他认为文言文难又不难，难在它是真正受过教育的人们的语言，难在用简明的语句表达深刻的思想、深沉的情感，难在它具有诗的韵味，如希腊谚语所说“美则难”；不难是因为它简洁。

日子，不该抱怨什么，而应该为中国四亿人口中 90% 不识字感谢神灵，想想看，假若北京的苦力、马夫、司机、理发师，船夫、小贩、无业游民以及流浪者等等都识字，并想和大学生们一道参政，社会将成什么样子！……如果 90% 的中国人不仅识字还懂得通俗英文，那么首先便是我们可怜的归国留学生将不得不退居到很不起眼的位置上……”

辜鸿铭在这里对胡适极尽冷嘲热讽之能事，却并不完全在理，甚至出现了逻辑混乱。胡适主张文学革命，要改难学的文言文而为易于掌握的白话文，以使更多的人识字，并不是在抱怨什么，因为在胡适自己并不存在不会文言文的问题。就算是抱怨，那也是他在为那 90% 的民众抱怨，何错之有？胡适们甘冒“退居很不起眼的位置上”的“危险”提倡白话文，不正说明他们是“毫不利己，专门利人”的吗？而辜鸿铭也是“归国的留学生”，如此竭力反对文学革命，倒陷自己于担心失掉现在的优裕生活的嫌疑之中。

正因为这样，所以胡适也就不再驳他，而只说他是一个老实人——老实到连对自己不利的话都说出来了。

辜鸿铭要到法院告胡适

其实使辜鸿铭“生了气”的，还不只那一封信，还有胡适 8 月上旬在《每周评论》上发表的一段随感录：

> 现在的人看见辜鸿铭拖着辫子，谈着“尊王大义”，一定以为他是向来顽固的。却不知辜鸿铭当初是最先剪辫子的人。当他壮年时，衙门里拜万寿，他坐着不动。后来人家谈革命了，他才把辫子留起来。辛亥革命时，他的辫子还不曾养全，他带（戴）着假发接的辫子，坐着车子乱跑，很出风头。

这种心理很可研究。当初他是“立异以为高”，如今竟是“久假而不归”了。

该期《每周评论》出版的当日，胡适在北京西车站同一个朋友吃晚饭，忽然看见辜鸿铭同七八个人也在那里用餐，胡适身上恰好带有一份该期的《每周评论》，便走过去同辜鸿铭打招呼，并递上《每周评论》给他过目。辜鸿铭看过后，对胡适说“这段记事不很确实”，然后详细地说了一遍他剪辫子的故事：拖着辫子的辜鸿铭留洋时，经常被街上的小孩子跟着叫喊“瞧呵，‘支那’人的猪尾巴！”但因想到临行时父亲叫他不要剪辫子的叮嘱，也就强忍屈辱。后却因他的一个女朋友觉得他的辫子好玩，他就把它剪下来送给她了。继而辜鸿铭又否认他不拜万寿，还叫同桌的老同学们作证明。胡适向他道了歉，回到自己桌上。

胡适在自己桌上朝辜鸿铭那边望去，只见他将《每周评论》传给同桌人观看。胡适吃完饭后，便又走到辜鸿铭桌边去，向他要回那份报。估计那班人说了一些挑拨的话，辜鸿铭站起身来，把《每周评论》折成几叠，向衣袋里一插，正色道：“密斯忒胡，你在报上毁谤了我，你要在报上向我正式道歉。你若不道歉，我要向法院控告你。”

望着这位长自己三四十岁的前辈，胡适忍不住笑了起来，道：“辜先生，你说的话是开我玩笑，还是恐吓我？你要是恐吓我，请你先去告状。我要等法院判决了才向你正式道歉。”说完后对他点了点头就走了。

过后胡适一直未收到法院的传唤。大半年后两人又见了面，胡适却还要旧事重提，故意逗他，说：“辜先生，你告我的状子投进去了没有？”辜鸿铭当然不高兴，道：“胡先生，我向来看得起你。可是你那段文章实在写得不好！”

“君子和而不同”

事过一年半，辜鸿铭在胡适的日记里出现了：

1921年10月12日（星期三）

夜间王彦祖先生邀吃饭，同席的有Démieville and Monestier及辜鸿铭先生。许久不见这位老怪物了。今夜他谈的话最多。他最喜欢说笑话，也有很滑稽可喜的。今记数事如下：

他说，“去年张少轩（勋）生日，我送他一副对联，为‘荷尽已无擎雨盖，菊残犹有傲霜枝。’你懂得吗？”我说，“傲霜枝自然是你们二位的辫子了。擎雨盖是什么呢？”他说，“自然是大帽子了。”

他说，“徐世昌办了一个四存学会。四存就是存四，可对忘八！”

他说，“俗话有‘监生拜孔子，孔子吓一跳’。我替他续两句，‘孔会拜孔子，孔子要上吊！’”此指孔教会诸人。他虽崇拜孔子，却极瞧不起孔教会中人，尤恨陈焕章，常说“陈焕章”当读作“陈混账”！

他对Monestier说，“你们法国人真不要脸！怎么把一个博士学位送给徐世昌这个东西！你的《政闻报》上还登出他的照片来，坐在一张书桌上，桌上堆着许多书，叫做‘徐大总统看书之图’！喂，喂，真难为情！你们为什么不送一个博士学位给我辜鸿铭呢？”那位法国小政客也无言可答。其实辜鸿铭应该得这个学位；他虽然顽固，可不远胜徐世昌吗？

辜鸿铭与胡适能坐在一张桌上吃饭、谈笑，只表明他们不计较思想上的分歧，而并非表明彼此的分歧已经消除，否则胡适就不会在日记里称他为“老怪物”了。

关于辜鸿铭之“怪”，几位与他做过北大同事的文化名人笔下都有生动记述，比如梁实秋写道：“先生喜征逐之乐，故不修边幅，既垂长辫，而枣红袍与天青褂上之油腻，尤可鉴人，粲然立于其前，不须揽镜，即有顾影自怜之乐。”

周作人把辜鸿铭列为北京大学顶古怪的人物：“他生得一副深眼睛高鼻子的洋人相貌，头上一撮黄头毛，却编了一条小辫子，冬天穿枣红宁绸的大袖方马褂，上戴瓜皮小帽；不要说在民国十年前后的北京，就是在清代，马路上遇见这样一位小城市里的华装教士似的人物，大家也不免要张大了眼睛看得出神的吧。”

梁漱溟写道：“辜鸿铭曾留学西方多年，并精通数种外国语（包括古代语言），教的也是外国文学，但他极力排外，反对西方文明，维护中国封建文化和伦理道德，而成为当时北京大学旧派学人中的代表人物。”

王彦祖是胡适的同学，那天请客就在他的家里。辜鸿铭素有“疯子”之名，辜鸿铭自己也知道，并不忌讳。那天客人中还有胡适日记中未提到的徐墀和其他几人，Demieville（胡适译作“戴弥微”）的左边坐的是辜鸿铭，右边是有“癫子”绰号的徐墀，席间辜鸿铭忽然在戴弥微的背上拍了一下，道：“先生，你可要小心！”戴弥微吓了一跳，忙问为什么。辜鸿铭道：“因为你坐在辜疯子和徐癫子的中间！”说得大家都笑了。那时辜鸿铭已经六十好几，又过了7年，他就死了。

1928年5月1日（星期四）

辜汤生先生死了。此老对我虽表示反对，然相见时却总是很客气的。他尽管嬉笑怒骂，也还不失为一个“君子”人。他的著作里最崇拜“君子”一个词，死后我这样评论他，似乎不失为平允。

胡适的当天日记中还黏附了一份剪报：

辜鸿铭在北京病故

东方三十北京电辜鸿铭患肺炎，本日下午三时半在北京私宅病故，享年七十二岁。

在辜鸿铭死后 7 年的 1935 年，胡适翻看旧日记，看到了那晚与辜鸿铭共餐的记录，想到那晚请客的主人王彦祖也死了，不禁产生许多感慨，于是写了一篇《记辜鸿铭》，更详细地描述了 13 年前的那天辜鸿铭的嬉笑怒骂，以及辜鸿铭扬言要与他打官司的前因后果，登在 8 月 11 日《大公报》的《文艺副刊》上。

当初辜鸿铭这样一位新派人物眼里的“老怪物”“老古董”在北大任教，不可避免地遭人反对，而蔡元培力排众议，严格遵循“兼容并包”“学术自由”的原则，他在回复林琴南请求改变校风的信中特别提到辜鸿铭：“例如复辟主义，民国所排斥也，本校教员中，有拖长辫持复辟论者，以其所授为英国文学，与政治无涉，则听之。”

显然胡适对蔡元培的治校原则是持赞赏态度的。1931 年 1 月 4 日，胡适动身南下，到上海参加中华教育文化基金董事会，正遇上国民党政府借光华大学风潮，叫教育部命令该校辞退发表批评国民党言论的罗隆基教授。胡适在 1931 年 1 月 16 日那天的日记里，粘贴了他前一天写给国民党中宣部副部长陈布雷的一封信，批评国民党党部及政府的这种粗暴做法，“实开政府直接罢免大学教授之端”。胡适在信中，又举当年北京大学容留辜鸿铭等人的例子：

往年北京大学教授中，有筹安会之刘申叔，也有曾做张勋复辟时代伪官之辜鸿铭，学生不以为怪，社会亦不能逼蔡子民先生逐去此种教授。惟其能容刘申叔与辜鸿铭，故北大当日能容民党人物如王宠惠、陈独秀、石瑛诸人，而学生亦不以为怪，社会与政府亦不能用威力逐去他们。

这是“辜鸿铭”三个字最后一次在胡适的日记中出现。

沉默以对鲁迅的讥语

一个冷峻一个温和

众所周知，胡适与鲁迅都曾有过一个包办婚姻。所不同的是，胡适在历经内心重重煎熬后，最终选择与包办的结发妻子白头偕老，而鲁迅却另觅真情，将“她”“遗弃”。长期以来，因为政治的以及所谓道德的原因，人们总是对他俩不同的婚姻选择报以深切的同情。但是，一样的同情，却是不一样的内涵：对胡适，是惋惜，认为他是“新文化中的旧道德楷模”；对鲁迅，是赞誉，认为他敢于冲出旧道德的束缚勇敢追求真爱。

众人对胡、鲁的婚姻议论纷纷，关注的多是婚姻的这一半——两位男人的幸福，而对另一半的那两位女人的命运，关心的就少多了。

江冬秀因为胡适遵从旧道德而幸福一生；朱安却因为鲁迅打破旧道德而与孤灯相伴一生。我们对于胡适与鲁迅，存在着这样的疑问：追求自我真爱，难道一定要以牺牲无辜作为代价？反之，拯救他人于水火，是否必须要牺牲自己？包办婚姻固然是封建的，但结果一定是不幸福吗？

仅从对待婚姻的不同态度来看，胡适与鲁迅的差异性是明显的。深究下去，无论是家世、所受教育以及个性、思想、人生态度等，他俩之间都存在着巨大差别。

鲁迅于1881年出生于浙江绍兴的一个封建士大夫家庭。周家原也有些家产。不幸的是，在他13岁时，家庭突遭变故，家财变卖殆尽，不久，父亲因贫病交加而死。按照他自己的说法：“（家里）几乎什么都没有了，我寄住在一个亲戚家里，有时还被称为乞食者。”[①]这样由小康而突然衰败的家庭遭遇对十多岁的鲁迅打击甚重，也使他自小就饱尝人世冷暖，看透世态炎凉，对阶级社会产生强烈的憎厌。

胡适比鲁迅小10岁，虽然他比鲁迅更早地失去父亲（不足4岁时），但因父亲死时是现任官吏，祖上仍有一些农业，生活还是很富足的。因而，在顺境中长大的胡适生活单纯，自然少了份愤世嫉俗，性格也就文静温和。

如果说胡、鲁确有相似之处的话，那就是两人幼时的求学经历很相似，都在私塾受过传统儒家文化的熏陶，都曾留学海外。不过，看他俩后来的为人处世的态度，显然胡适受儒家文化的影响比鲁迅更深重一些。虽然他俩都曾经到国外留学，但由于留学国家的不同，也使得他俩的性格朝不同的方向越走越远。

鲁迅21岁时，从南京矿路学堂毕业，随后由江南督练公所派赴日本留学；胡适于1910年9月到美国纽约州绮色佳镇康奈尔大学农学院学习，但他的兴趣爱好集中在研究中国古籍上，后来终于弃农转学哲学。

在日本时，鲁迅接触到许多革命刊物，更在章太炎的影响下参加

① 鲁迅：《呐喊》自序。

了革命团体光复会，实现了改良主义向资产阶级民主主义的思想飞跃。

胡适在美国时，也并不埋首书斋，而是对政治性活动很有兴趣。不过，与鲁迅崇尚革命不同的是，他对美国式的民主政治更有好感。同时，胡适参加了不少基督教会活动。基督教教义中的容忍、不争、非战和爱与他内心深处所积存的儒家宽容、平和、“温良恭俭让”产生共鸣和交融。

此外，大和民族的倔强阴郁沉重与美利坚包容开明阳光的不同气质，也加深了鲁迅冷峻、尖刻和胡适温和、宽厚的截然相反的性格。

了解了两人的不同经历和个性，也就理解了两人在交往中鲁迅的冷言讥语和胡适的沉默以对。

短暂的交谊

分别打开胡适日记和鲁迅日记，我们可以发现，胡适在日记里记述鲁迅的文字很少（只有几处），远没有鲁迅在日记里记述胡适的多（多达 40 多处）。胡适在日记里集中记有鲁迅的时间是在 1922 年，而鲁迅在日记里最早记有胡适，是在 1918 年 8 月 12 日：“收胡适之与二弟信。”从这句话可知，此时，他与胡适已经有了往来。

的确如此，胡适与鲁迅开始交往，正是在 1918 年。

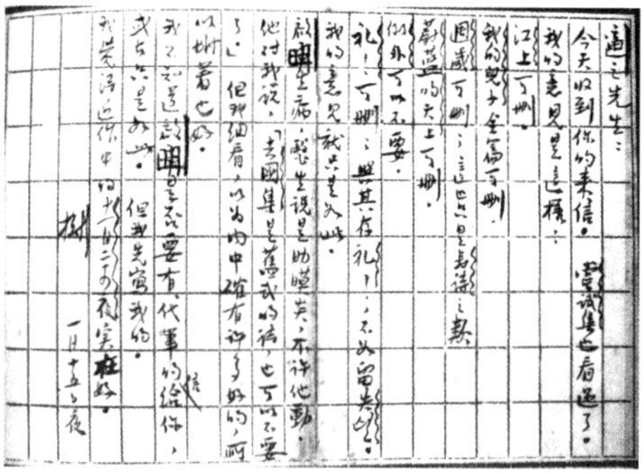

1921 年 1 月 15 日，周树人写给胡适的信

那时，胡适刚刚自美国归国，是北京大学最年轻的教授，可谓春风得意、豪情满怀。正任职于教育部干着闲差的鲁迅住在北京绍兴县馆的补树书屋，

除了按时当差应卯，余暇时，他抄古碑、看佛经、逛逛琉璃厂搜寻旧典，过着闲散但很苦闷的生活。

人之所以有不同的性格，除了后天的经历和所受教育不同，很大程度上也来自于天生基因的不同。鲁迅总是忧郁的、心重的、复杂的；胡适却常常是开朗的、轻松的、单纯的。

这样两个性格完全不同的人因为《新青年》而走到了一起。就在鲁迅沉浸在迷惘中时，由《新青年》掀起的文学革命正轰轰烈烈。在《新青年》同人钱玄同的介绍下，鲁迅渐渐走入了这个群体，参与其中，从而认识了胡适。可以推测的是，他在参加编辑《新青年》之前，应该是看过胡适的《文学改良刍议》以及被抬高到极致地位的《中国哲学史大纲》的。这个时候，他对胡适是尊敬的、欣赏的，因而才有可能与胡适开始了频繁的交往。

共同编辑《新青年》的时期，也是胡适与鲁迅思想最为接近的时期。那是因为有对文学革命的共同追求，对思想革命的共同向往，对传统文化中的封建性的共同唾弃。当胡适在《新青年》上发表《贞操问题》，批判封建贞操观后，鲁迅紧随其后，也在《新青年》上发表《我之节烈观》，抨击节妇烈女的不人道行为；1919 年 7 月，胡适在《每周评论》上发表了白话诗《我的儿子》，反对愚孝。三个月后，鲁迅的文章《我们现在怎样做父亲》在《新青年》上刊出，一样是对封建孝道的鞭挞；当胡适喊出“打倒孔家店”后，鲁迅的白话小说《狂人日记》发表，他说：“我翻开历史一查，这历史没有年代，歪歪斜斜的每页上都写着‘仁义道德’几个字，我横竖睡不着，仔细看了半夜，才从字缝里看出字来，满本都写着两个字是‘吃人’！”

在离开了《新青年》这个共同的宣扬文学革命的阵地后，胡适与鲁迅又在翻译问题、文学创作以及中国小说史和文学史上找到了新的共同点。胡适曾在日记里这样记道：

1922年3月4日

与启明、豫才谈翻译问题。豫才深感现在创作文学的人太少，劝我多作文学。我没有文学的野心，只有偶然的文学冲动。

素有“考据癖”的胡适正在考据

1919年，正当胡适感慨于中国小说向来无史、欲致力于此并用科学方法作一部《中国小说史》时，他惊讶地、欣喜地发现鲁迅正在进行中国古代小说的研究。1920年，鲁迅在北京大学开设了“中国小说史”的课程，又着手编写《中国小说史大略》。胡适写了《〈红楼梦〉考证》《〈水浒传〉考证》，与鲁迅的小说史研究相互呼应。

胡适所说的研究小说的科学方法是“考证”，他在对《西游记》的考证时，似乎委托过鲁迅为他找寻有关材料。这从他的日记里便可一见：

1922年8月14日

豫才送来关于《西游记》的材料五纸，信两纸，一并粘在下面：

……

1922年5月，胡适在作《〈三国演义〉序》时特意指出：“作此序时，曾参用周豫才先生的《小说史讲义》稿本。”

同时，鲁迅在撰写《中国小说史大略》中有关《水浒》《西游记》《红楼梦》等时，也引用过胡适的考证材料。

在谈到中国小说的研究成果时，胡适对鲁迅是极为赞赏的。他曾经说：“小说的史料方面，我自己也颇有一点贡献。但最大的成绩自然是鲁迅先生的《中国小说史略》，这是一部开山的创作，搜集甚勤，取材甚精，断制也甚谨严，可以替我们研究文学史的人节省精力。”[①]

从那时起一直持续了数年，胡适与鲁迅的交往基本上仅限于学术讨论范畴，而不涉及其他，特别是政治观念。比如，从《鲁迅日记》中可知，他俩除时常书信往来外，又相互赠书。胡适将《读书杂志》《西游记考证》《五十年来之世界哲学》《五十年来中国之文学》等书赠给鲁迅；鲁迅也赠《中国小说史略》《呐喊》等给胡适。

做“和事佬”却不讨好

从胡适日记里的某些片段看，鲁迅在与周作人闹翻之前，兄弟俩是经常同进同出，彼此相契相投的。那时，他俩同时为《新青年》的主要撰稿人，同对胡适尊敬有加。胡适对“周氏兄弟”也很有好感：

周作人

1922 年 8 月 11 日

……去看启明，久谈，在他家吃饭；饭后，豫才回来，又久谈。周氏兄弟最可爱，他们的天才都很高。豫才兼有赏鉴力与创造力，而启明的赏鉴力虽佳，

① 胡适：《白话文学史》自序。

> 创作较少。启明说，他的祖父是一个翰林，滑稽似豫才；一日，他谈及一个负恩的朋友，说他死后忽然梦中来见，身穿大毛的皮外套，对他说："今生不能报答你了，只好来生再图报答。"他接着谈下去："我自从那回梦中见他以后，每回吃肉，总有点疑心。"这种滑稽，确有点像豫才。
>
> 豫才曾考一次，启明考三次，皆不曾中秀才，可怪。

胡适的这篇日记是唯一一次比较详细地对比了鲁迅和周作人（字启明）的不同，也是唯一一次真实地记录了鲁迅在他心目中的形象：有赏鉴力、创造力，有些滑稽（实乃幽默之意）。应该说，他的描述是符合鲁迅真实的。

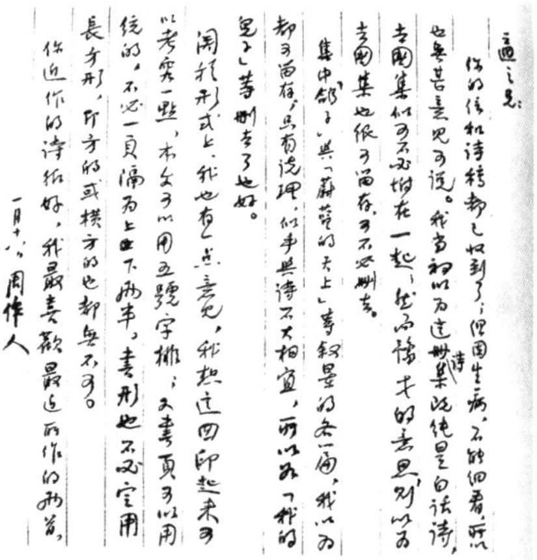
适之兄：
你的信和诗稿都已收到了；但因生病，不能细看，所以
也无甚意见可说。我当初以为这册诗集既纯是白话诗，
去国集似可不必附在一起，但豫才的意思，则以为
去国集也很可留存，不必删去。
集中却了、与「蔚蓝的天上」等叙景的各一篇，我以为
都可留存，只有说理的，似乎与诗不大相宜，所以如「我的
儿子」等删去了也好。
关于形式上，我也有一点意见，我想这回印起来可
以考究一点，本文可以用五号字排；又书页可以用
统的，不必一页隔为上下两半，书形也不必定用
长方形，方的或横方的也都无不可。
你近作的诗很好，我最喜欢最近所作的两首，
一月十八　周作人

1921年1月18日，周作人写给胡适的信

虽然在胡适眼里，周氏兄弟都可爱，但他俩给他的感觉还是有所不同的，因此他与他俩的友情也还是有区别的。对于鲁迅，胡适更多的是敬；对于周作人，则是爱。其中的缘由并不难理解：鲁迅年长，性格中强硬冷峻沉郁的色彩更多些，这样的性格自然不易使人亲近；周作人的性情与胡适近似，又与胡适同在北大任教，彼此见面次数也多，也就少了与鲁迅相处时的拘谨和距离。因此，胡适与鲁迅之间的交往似乎仅限于学术交流，而与周作人则又多了份私人之间的情意。从胡适的日记看，他还曾经为周作人推荐过工作：

1922年3月4日

十时半，燕京大学校长司徒雷登与刘廷芳来、启明来。燕京大学想改良国文部。

去年他们想请我去，我没有去，推荐周启明去。（启明在北大，用违所长，很可惜的，故我想他出去独当一面。）启明答应了，但不久他就病倒了。此事搁置了一年，今年他们又申前议，今天我替他们介绍。他们谈的很满意。

实际上，胡适与鲁迅的交往持续到1925年就中断了，而他与周作人虽然在某些问题上也有分歧，但始终往来不断。

胡适与鲁迅之间的巨大差异注定他俩终有分道扬镳的一天。如果分别用一个字来概括他俩疏离的原因，那就是“温”和“厉”。对于战斗性很强的鲁迅来说，他最看不惯的就是胡适的“温”。

1924年底，北京女子师大爆发学潮，一直延续到次年5月。正在该校执教的鲁迅自然是站在学生这一方的，他公开指责校长杨荫榆是“寡妇主义”治校，因满脑子封建思想而将学生管得已经失去了青春的本来面目，从而支持学生驱逐她。随后，学生自治会发表《驱杨宣言》。

然而，时任北洋政府司法总长兼教育总长的章士钊却怒斥学生“闹事”，甚至调来军警，逼迫学生离校，甚至向国务会议提议停办女师大。不只是章士钊，《现代评论》的陈西滢也是站在学生对立面的（也就是鲁迅的对立面）。他公开批评学生“闹得太不像样了”，更以为学生之所以如此是受了某些人的鼓动。他说的“某些人”实则就是指鲁迅、周作人。鲁迅因此大为反感，以其惯有的辛辣笔触无情反击。

从此，以鲁迅等为一方，以陈西滢等为另一方，展开了长达数月的笔战。笔战后期，双方都不免气急交加，而由单纯的就理说理而演变成了人身攻击。这样的结果令胡适很不安，但笔战的双方都是他的朋友，他站在任何一方，势必就会得罪另外一方，这使他很有些为难，却又不能坐视不问。思前想后，他提笔给鲁迅、周作人、陈西滢写了一封信。

信中说："你们三位都是我很敬爱的朋友，所以我感觉你们三位这八九个月的深仇也似的笔战是朋友中最可惋惜的事。我深知道你们三位都自信这回打的是一场正义之战，所以我不愿意追溯这战争的原因与历史，更不愿评论此事的是非曲直。……我是一个爱自由的人……我最怕的是一个猜疑、冷酷、不容忍的社会。我深深地感觉你们的笔战里双方都含有一点不容忍的态度……让我们都学学大海……"

胡适的这封信恰似他温和宽容的性情人格。然而，也许正因为如此，就更遭鲁迅嗤之以鼻。鲁迅是个爱憎分明又有很强原则性的人，自然最痛恨扭扭捏捏是非不分的人，何况他此时对胡适已失望大于敬爱，所以不但不能体会胡适的良苦用心，而且对胡适更多了份反感。

其实，鲁迅与陈西滢笔战，自然已经将陈西滢视作论敌。陈西滢曾经在写作有关鲁迅和胡适的文章时，态度是截然不同的。对胡适，他极尽夸赞，无论是对他的为人还是治学等；对鲁迅，他多的是挑剔、批评，甚至讽刺挖苦。说到底，他非常不喜欢鲁迅的尖刻，倒是很欣赏胡适的平和。因而，在鲁迅看来，胡适是属于陈西滢阵营的。对于胡适此时的"和事佬"角色，鲁迅更加痛恨，自然对他的好言相劝置之不理。

在脱离了单纯的学术交流之后，胡适与鲁迅似乎已经很难找到共同语言了，因而也就越来越疏离了。直到 20 世纪 30 年代初，机缘巧合，他俩又有了一次非个人形式的组织联系。那是因为"中国民权保障同盟"的成立。然而，这次的联系，时间极为短暂。

作为同盟会北京分会的负责人，胡适反对鲁迅、宋庆龄等上海分会负责人过于从政治的角度看待"政治犯"问题，主张应该从法律的层面解决问题。他更在《民权的保障》一文中说："一个政府的存在，自然不能不制裁一切推翻政府或反抗政府的行动。”

胡适的这番言论遭到上海分会鲁迅、宋庆龄的强烈不满，因此而被开除了同盟会会籍。他也因此结束了与鲁迅刚刚恢复的短暂联系。

从学理上说，从宪政角度出发，胡适的主张与观点都不失为超前性。这到底与他深受西方民主法治思想的熏陶有关。鲁迅对此却不以为然，他认为在一个专制的社会中，是根本谈不上法律的。如果单从理论上说，他俩确实各有道理。但是，如果站在更高的层面，胡适的宪政思想是符合人类社会发展的。而鲁迅的观点似乎有“以暴制暴”之嫌，不利于社会向文明法治方向发展。

自此以后，胡适与鲁迅彻底断了联系。

对苏雪林谩骂鲁迅不以为然

纵观胡适日记与胡适的文章，基本上没有对鲁迅不敬的言词，相反，胡适对鲁迅始终充满敬意。他在《五十年来之中国文学》中说：“中国短篇小说创作，成绩最大的却是一位托名‘鲁迅’的。他的短篇小说，从《狂人日记》到《阿Q正传》，虽然不多，差不多没有不好的。”

在鲁迅去世后不久，女作家苏雪林在给胡适写的一封信中，大骂鲁迅：“鲁迅这个人在世的时候，便将自己造成一种偶像，死后他的羽党和左派文人更极力替他装金，恨不得教全国人民都香花供养。鲁迅本是个虚无主义者，他的‘左倾’，并非出于诚意，无非借此沽名钓利罢了。……鲁迅的心理完全病态，人格的卑污，尤出人意料之外，简直连起码的‘人’的资格还够不着。……鲁迅

苏雪林

平生主张打落水狗，这是他极端褊狭心理的表现，谁都反对，现在鲁迅死了，我来骂他，不但是打落水狗，竟是打死狗了……”

苏雪林对胡适非常尊重，她之所以以如此恶毒的语言咒骂鲁迅，除了她的确比较憎恶鲁迅“一个也不饶恕”的偏激外，不是没有为胡适出口恶气的私心的。因为，鲁迅对胡适，是经常有蔑视、嘲讽或不敬之语的。

比如，他在《杂论管闲事……做学问……灰色等》一文中，说：“将《现代评论增刊》略翻一遍，就觉得五光十色，正如看见有一回广告上所开列的作者的名单。例如……胡适教授的《译诗三首》呀，徐志摩先生的《译诗一首》呀……但是，翻下去时，不知怎的我的眼睛却看见灰色了，于是乎抛开。”

又如，他在给许广平的一封信中，说：“今天寄到一本《红玫瑰》，陈西滢和凌叔华的照片都登上了。胡适之的诗载于《礼拜六》，他们的像见于《红玫瑰》，时光老人的力量，真能逐渐的显出‘物以类聚’的真实。”

鲁迅曾经为胡适考证《西游记》查过资料，算是出过力的，却在很多年后对友人许寿裳说过这样的话：“胡适之有考证癖，时有善言，但对于《西游记》，却考证不出什么。”

另外，他的《文摊秘诀十条》中的其中一条是：“须多谈胡适之之流，但上面应加上‘我的朋友’四字，但仍须讥笑他几句。”

等等。

对于这一切，胡适从来没有反击过，他有的，只是沉默。

然而，胡适对苏雪林的行为，表现出相当的不满。他在给她的回信中，以其惯有的平和之气，中肯客观地为鲁迅作了充分的辩解。他说：“我很同情于你的愤慨，但我以为不必攻击其私人行为。鲁迅狺狺攻击我们，其实何损于我们一丝一毫？他已死了，我们尽可以撇开一切小节不谈，专讨论他的思想究竟有些什么，究竟经过几度变迁，究竟他信仰的是什么，否定的是些什么，有些什么是有价值的，有些什么是无价值的。……凡论一人，总须持平。爱而知其恶，恶而知其美，方是持平。鲁迅自有他的长处。如他的早年文学作品，如他的小说史研究，皆是上等工作。……说鲁迅抄盐谷温，真是万分的冤枉。我们应该为鲁迅洗刷明白……”

不仅如此，当许广平给胡适写信，希望他为《鲁迅全集》的编撰和出版多出些力时，他欣然应允，只可惜因多种原因而未能如愿。从这个角度看，胡适确有大家风范，也不枉他的“现代中国的孔夫子”之美誉了。

胡适的弟子罗尔纲在《师门五年记·胡适琐记》中有这样一段有关胡适与鲁迅的故事：“有一次，那是个冬天，鲁迅来北京，到胡适家探访，在将进书房时边笑边说：‘卷土重来了！’”

然而，有人将此故事重新演绎：“鲁迅到北京，到胡适家探访。胡适一见鲁迅，劈头一问：‘你又卷土重来了！’鲁迅道：‘我马上卷土重去，不抢你的饭碗。’”

故事读来颇有意思，但是，有人推测说，不真实，有编造的痕迹。真相究竟如何，不得而知。

被“好人政府”伤了心

“好人”组成“好政府”

自美国留学回国后的胡适，一心想在思想文艺上替中国政治筑建一个革新的基础，于是宣称：二十年不谈政治。胡适之所以喊出这样的口号，是因为“政治”潜伏在他的内心深处，需要他用自我暗示的方法去抵制它的冒头。他并不是个毫无政治意识的、对政治毫无兴趣的人，相反，他在美国期间，就已经表现出很浓厚的政治热情。比如，他的《留学日记》里有大量关于第一次世界大战的议论、资料、图片、政治领袖演说和统计表。在 1912 年和 1916 年的美国大选中，他比一般美国青年更加关注和投入……

留美之初时的胡适

不要说“20年”，仅仅过了两年不到，胡适就忍不住要谈谈政治了。1919年6月，他在陈独秀被捕后接办《每周评论》，不满于国内无政府主义和马克思主义的讨论高潮盖过具体问题的研究，而写了一篇著名的《多研究些问题，少谈些主义》，这是他谈政治的开端。

一旦泄了洪，大水就止不住了。从此，胡适又要谈政治了。不过，他谈政治，目的是尽一个有良知的知识分子对社会应尽的责任，而并非要为官。他谈政治的标志，便是于1922年5月创办的《努力周报》。胡适在创刊献词《努力歌》中这样写道：“天下无不可为的事直到你和我——自命为好人的——也都说‘不可为’，那才真是‘不可为了’。”

在这里，胡适用了“好人”这个词。这个时候，他正怀有一个要建立“好人政府”的思想，意即政府要由“好人”组成，并且经过这些“好人”的奋斗而出现“好政府”。

实际上，他的“好政府”的构想在他的脑子中盘桓了近一年。他曾经在日记中这样写道：

> 1921年6月18日
>
> 下午，汪叔潜先生（建刚）来谈……
>
> 我对他说的话之中，有几句话可记。我说：现在的少年人把无政府主义看作一种时髦东西，这是大错的。我们现在决不可乱谈无政府；我们应该有政府主义，应谈好政府主义！

这可能是他第一次提到“好政府”这个概念。

两个月后，胡适将在安庆的一次演讲题目确定为《好政府主义》。他将“好政府”作为“切实的、明了的、人人都能了解的公共目标”，而“好政府”的实行前提是有“好人”。

又两个月后，即当年十月，他应上海的几家报馆之邀撰写“双十节”文章，因时间和精力所限，他只作了一首诗，名为《双十节的鬼歌》。

这首诗的最后一节这样写道："大家合起来，赶掉这群狼，推翻这鸟政府，起一个新革命，造一个好政府：那才是双十节的纪念了！"《双十节的鬼歌》的公开发表，意味着胡适的"好政府"思想公开示人。

这一切都在为胡适在《努力周报》上发表的宣言《我们的政治主张》做理论上和思想上的准备。

初写《我们的政治主张》时，按照胡适自己的说法，他原本是为《努力周报》做的一篇政论性文章，后来不知为什么就转向了。他在日记里这样写道：

1922年5月11日

做一篇《我们的主张》，是第一次做政论，很觉得吃力。这本是想专为《努力》做的；后来我想此文颇可用为一个公开的宣言，故半夜脱稿时，打电话与守常商议，定明日在蔡先生家会议，邀几个"好人"加入。知行首先赞成，并担保王伯秋亦可加入。

严格说来，胡适的"好人"组成"好政府"，从而建立"好人政府"的想法不免幼稚和天真，却也不仅是他一人的希望。他的《我们的政治主张》由普通的政论文章转而成为一篇呼吁政治改革的宣言后，居然邀请到了梁漱溟、陶行知、王宠惠（字亮畴）、罗文干（字钧任）、汤尔和、李大钊等10多人到蔡元培家进行讨论修改，并取得了他们的支持和联系签名。

1922年5月12日

七时，打电话与蔡先生，借他的家里开会，讨论《我们的主张》。其余各人，也在电话上约定十一时相见。

十一时，在蔡宅开会，到者：梁漱溟、李守常、孟和、孟馀、汤尔和、徐伯轩（未约他，偶相值）、经农等。他们都赞成了，都列名做提议人。蔡先生留我们吃饭；饭后他们都散了，我独与蔡先生闲谈。三时，王亮畴、罗钧任也来，他们略有讨论，修改了几处，也都列名。连知行、在君、王伯秋、文伯和我，共15人。

下午，孟馀自行取消，加入一涵、慰慈，共十六人。

大家的讨论结果是，重新定名为《我们的政治主张》，内容共分五个部分：一、政治改革的目标，即确立“好政府”；二、“好政府”的含义；三、政治改革的三个基本原则；四、政治改革的唯一下手工夫，即号召“好人”们出来干政治，组织政党；五、我们对于现在的政治问题的意见，有六项。

“好人政府”成立又垮台

胡适所期盼的“好人政府”果真有了一次实践机会。8月，王宠惠在吴佩孚的支持下出任国务总理，组织内阁。同时，罗文干任财政总长，汤尔和任教育总长。这三人均是《我们的政治主张》的署名者，仿佛真的是一届“好人政府”了。这让胡适颇有些兴奋，以为可以实现自己的政治改革理想了。不过，他对王宠惠还是有些担心。他在日记里表达了这种情绪：

1922年8月2日

……亮畴太老实了，不知能干下去不能。

王宠惠很富才学，曾经很得孙中山看重并寄予莫大希望。早年，他在美国耶鲁大学专攻法律，还曾赴日本留学。他取得过英国律师执业资格，

“好人”王宠惠

是在国外获此资格的第一个中国人。1905 年孙中山到纽约写了一篇告欧美人士的宣言《中国问题的解决》，就是由王宠惠润色的。

辛亥革命前两年，时在新加坡的孙中山，接到王宠惠自欧洲发来的求援信，说他投考国际法学院，急需巨款。同盟会革命也正用钱关头，故而不少人都不同意资助。孙中山却以一个政治家的胸怀对众人道：“养成一位有声望的国际法学者，在国际舞台上折冲，他的力量有时可以胜过十万雄兵。”于是，他仍于极其紧张的革命经费中抽出 1500 元汇给王宠惠，使他完成学业。

王宠惠还以洁身自好与公心身正出名。留学日本时，曾有所雇的一日本下女慕其少年英俊，夜半乘其熟睡，裸身钻入其被中。王宠惠倒未坐怀不乱，而是慌乱地出而呼救，吓得多情女逃之夭夭。

这样一个人，因疲于应付错综的局势、斡旋于险恶的官场，脾气渐长，性格也变得有些怪异了。胡适在日记里有一段这样的描述，读来颇有趣：

1922 年 3 月 31 日

亮畴的夫人死了三年了，他自己说他续娶的条件有六条：

（1）不曾到过外国。

（2）不大懂英文，全不懂更好。

（3）不曾进过学堂最好。

（4）绝对的服从。

（5）不会交游跳舞，不爱看戏。

（6）须是基督教徒。

（此一条，前年尚无之；今年改为第一条。）

王宠惠是《我们的政治主张》署名者之一，理应是与胡适同样的“好人”。但是，从胡适日记看，他似乎与王宠惠之间有很大的分歧。这主要表现在对白话文的态度上。在胡适的眼里，王宠惠“顽固真不可破”。也许正因为如此，他对王宠惠统领“好人政府”，有些担心，便积极地提建议：

> 1922年8月12日
>
> 安徽代表李光炯来，江彤侯来。他们为安徽省长事，要我写信给王亮畴。我写了一信，说两事：
>
> （1）劝他做点计划：为一个计划上台，为一个计划的失败而去。
>
> （2）请他勿更动安徽省长，并发电慰留许世英。

以后，胡适又劝王宠惠：没有计划而来，没有计划而去，是可耻的事。然而，“顽固真不可破”的王宠惠对于胡适的三番五次建议毫无反应。在1922年9月22日的讨论会上，更出现了令人喷饭的一幕。这次讨论会的议题是“今日的政治计划”，由蔡元培任主席，陶行知担任记录。

胡适首先说：“根据《我们的政治主张》，我们要请王总理宣布他的大政方针和计划。”

王宠惠于是登台发言，愤慨激昂，足足说了二十多分钟，却都是牢骚话。说他权也没有，钱也没有，只有“吃饭”与“过节”两项，此外一无政策，二无计划。说着说着，他冲着胡适说：“你若不信，你们教员不要拿薪水。”又冲着林宗孟说：“你们国会议员也不要拿钱。”再冲着叶叔衡说：“财政部员也不要拿钱！”然后，他气呼呼地反复问：“是不是？是不是？”他的话，让大家都很生气。在他之后，胡适很平静地说了十分钟。他说：

“今天的会，并不是专为教训王先生开的。一来呢，因为少川（即顾维钧）先生提出‘今日的政治计划’做今天讨论的问题；二来呢，因为王、罗、汤三位都是五月间署名发表政治主张的人，社会上不能不责望他们，我们更不能不责望他们。三来呢，我们替他们设想，若单为‘吃饭’‘过节’而来，那有什么意味？若为‘吃饭’两字牺牲了几个负重望的人，若把你们这几位朋友送去专做挡债借钱的事，那未免太不值得了！……老实说罢，若你们专为‘吃饭’一事而出来维持，倒不如痛痛快快地让他塌了的好！”

演说完毕，胡适提出他的两个计划：各省会议，消除奉直私斗。王宠惠对“各省会议”的计划有抵触，提出了四点困难，都被胡适一一反驳了。

叶叔衡建议“王内阁用华盛顿会议议决案作大政方针的根据，这个内阁可叫作‘华府会议善后的内阁’”。对此，蔡元培表示赞同，他说：“王内阁在今日大家的眼里只是一个洛阳武人的内阁，若能用华府会议作标题，可以使王内阁的旗帜一新。”

这次会议的主要内容，都可在胡适日记里读到。他这样总结了这次会议：

1922年9月22日

这一次谈论颇激烈，颇有点意思；可惜有许多人始终不肯开口，如孟馀、抚五、石曾、慰慈等。他们也许笑我们多事；我们也知道这班阁员是抬不起来的，但我们到了这个时候，不能不把死马做活马医，只是尽人事罢了！

看得出来，胡适对以王宠惠为首的“好人政府”还是有些失望的。但是，王宠惠的确有苦难言。新内阁的后台是吴佩孚，而国会的后台是曹锟。新内阁在与国会因经费分配和借款等问题无法达成共识而矛盾公开后决裂。国会人为制造了罗文干财政丑闻，在取得总统黎元洪的手令后，将罗文干逮捕。也就是说，新内阁在与国会的争斗中，败下阵来，不得不于11月25日宣布下台。

“好人政府”不好人

在罗文干被捕前，即王宠惠被迫辞职前，胡适等人就已经对新内阁表示了极不满意的态度。他们与王、罗数次正面交锋，指责他们无能。

> 1922年10月27日
>
> 四时，顾宅茶会。亮畴、钧任又大发牢骚，到处骂人。大家都不满意。最后蔡先生起来说，“我提议这个茶会今天以后不继续开会了。就是要开，也须等王、罗几位出了阁之后”。

> 1922年11月4日
>
> 尔和为关馀事，邀吃饭，有亮畴、钧任、少川在座。我把明天的《努力》带去给他们看。亮畴看见我责备他的话，极力申辩，说：“你给我找到一个接手的人，我请你喝三瓶香槟，也请他喝三瓶香槟。我不是‘恋栈’，是不肯‘不负责任’。”
>
> 蔡先生今晚说的话也很激烈。王亮畴屡次说，“你们不要看轻了我们维持北京秩序的功劳”。我实在忍不住了，老实对他说：“你们不要把自己看的太重要了。你们走了，中国不会就塌下来的！”
>
> 这班人真无法可想。

果然不久以后，短命的“好人政府”寿终正寝了，前后不足三个月。在新内阁摇摇欲坠时，胡适就曾在日记里这样感慨道：

1922年10月27日

“好人”政府不等于“好”政府。好政府不但要人格上的可靠，还要能力上的可以有为。亮畴竟是一个无用之人；钧任稍胜，但也不能肩此重担；少川稍镇静，头脑也稍明白，但他终为罗、王所累，不能有为。

这个时候，胡适只是将“好人政府”的失败归结于王宠惠等人在能力上的欠缺，没有否认他们是好人且有人格上的可靠。然而，他在一年多以后的一篇日记里，却列举了种种王宠惠生活细节上的不堪，似乎对他的“人格上的可靠”也有了怀疑。他这样写道：

1924年1月6日

与钧任同车回家，留他小谈，钧任为我谈王亮畴逸事数则，可补史料之缺：

亮畴性极吝啬，几个极熟的朋友给他取个绰号，叫作“办法”。他在北京时，已做很大的官了，但家中不用厨子，不开饭。早饭随便吃一点稀饭。午饭晚饭则到熟人家去吃。晚饭尤其如此。他每到钧任、黄晦闻，李某金某家去，坐到六七点不走，主人留他吃饭，他总还要客气一次，说：“还早呢，还是回去吃罢。”主人再留他，他就说：“有啤酒吗？有酒我就在这里吃罢。”这是第一个“办法”。有时主人不曾开口留饭，他就说：“有什么‘办法’没有？我们出去吃馆子好不好？我来请你。”主人自然留他吃饭了。这是第二个“办法”。有时候他们当真出去吃馆了，吃完之后，大家抢着会钞，他总是落后的，容易被别人抢去，这是第三个“办法”。有时他的朋友们不同他客气了，他们先走，让他去会钞，那时他还有第四个“办法”：他一拍衣袋，就喊道，“喂，你们走不成！今天我忘记带钱了”。

这四个朋友后来打听得他家中不用厨子，不开饭，于是他们渐渐不上当了。后来他用此法待周诒春，待梦麟，待顾少川。顾少川天天开香槟酒一瓶，故受害最大！

有一天，他初次代理国务总理，一班朋友在少川家吃饭，有人提议，每周每人轮作一次主人，为定期的会餐，可以商议问题，交换意见。大家都赞成了。亮畴力言不必吃饭，“何必吃饭！喝喝茶就够了”。他连说了五六遍。每说一遍，周子（自齐）便用力拧钧任一把。钧任回家解衣一看，臂上拧青紫了一大块！

去年他辞职在十二月初。而张绍曾内阁成立后，亮畴便要黄郛（外交总长）聘他做外交部顾问，每月干薪五百元！此款至今他还托人按月支领！顾少川重任外交部时，查得此事，对钧任说，“I was frightfully hurt.”（我受到了严重的伤害）其实我们也都是“Frightfully hurt”。

亮畴今年往欧洲，张绍曾托他带一信与孙中山，他索价三千元。张绍曾如数给了他。

将王宠惠的这几个不怎么光彩的“故事”说完，胡适由衷地总结说：“以上几则故事，可以解释前年‘好人政府’的失败了！”很显然，此时的王宠惠已经不再符合“好人”的标准了，也就是说，他既无能力，又无人格的可靠，所以，以他为首的“好人政府”的倒台，也就是必然的了。

胡适的“好人政府”的理想本就是过于理想化的彩色泡泡，况且新内阁这样的“好人政府”的成立是平衡军阀之间矛盾的产物，必定在军阀之间的矛盾中破灭，从而无法担当起胡适所期望的“宪政的，有计划的”政治改革目标。且不论王宠惠在个人生活上的“小人”化是否抹杀了他原先的“好人”之名，胡适将理想系于所谓好人身上，本身就是值得探讨的。他因此断言这就是理想失败的原因，未免太过意气，也太不客观了。

最爱的朋友丁文江

丁文江是我国现代著名的地质学家，也是五四新文化运动的重要人物之一。由于他为科学所做的巨大贡献，被外国人誉为“中国的赫胥黎”。可是因为他 50 岁便病逝了，距今也已有 80 余年了，所以今天知道他的人是少之又少。好在人以文传，胡适就曾写了一部《丁文江的传记》。

胡适是传记文学的积极倡导者，也是身体力行者。他在自传《四十自述》里曾经这样感叹：“中国最缺乏传记的文学。”因此，他不断鼓动他人写自传，而且在自己动手写自传的同时，又为他人作传。他的目的是“给史家做材料，给文学开生路”。

有人做过统计，胡适一生关于人物传记方面的论著多达 47 篇（部），涉及传主 61 人，其中有 9 名外国人。但是，有研究者认为，胡适所写的传记，没有特别好的，包括《丁文江的传记》。

大哥似的关怀

《丁文江的传记》的不成功，并非在于胡适对传主欠缺情意和尊敬，相反，丁文江在胡适的心目中，是“最爱他的朋友”，也是他“最爱的朋友”。在丁文江病逝当天，胡适在日记里这样记述道：

> 1936 年 1 月 5 日
>
> ……
>
> 在君（丁文江的字——引者注）是最爱我的一个朋友，他待我真热心！我前年的盲肠炎，他救护最力。他在病中还谈到我的身体不强，财政太穷！他此次之病，我毫不能为他出力，真有愧死友。
>
> 在君之死，是学术界一大损失，无法弥补的一大损失！

在胡适日记里，“丁文江”最早出现在 1920 年 3 月 18 日，或许这就是他们初次相识的时间。介绍他俩认识的是北京大学教授陶孟和。当时，陶孟和与胡适都是《新青年》杂志的成员，也是小团体“新青年社”的社员。由于在“新青年社”里，只有陶、胡二人曾经留学英美，自然成为“英美派”，又在许多问题的看法上意见一致，就成了好朋友。

不知是缘分，还是因为胡适这个人向来有亲和力，只比胡适大 4 岁的丁文江与胡适结识后不久，就视胡适为应该照管的小弟弟，对胡适既操心又爱护。

1923 年春，胡适离京赴杭养病。独自留在北京的太太江冬秀因住房陈旧，一直想着要找新房。就在她犹豫间，丁文江却将房子为她租好了。新家虽然安顿好了，但江冬秀一直抱怨每月 80 元的租金太贵。不久，房主减了 10 元，只收她 70 元，她高兴得很，直说房主善良。其实她不知道，这减下的 10 元钱，是丁文江悄悄垫付的。

胡适爱酒，人所皆知。在他早年写的诗中就有不少是关于酒的。比如《答丹斧十杯酒》：

一杯酒儿酒满盅，
卿卿今日何须送。
你代我把双亲奉。
阿阿育，你代我把双亲奉。

二杯酒儿酒未干，
大儿小儿你要管。
你挑着千斤担。
阿阿育，你挑着千斤担。
……

又比如《酒醒》：

酒能销万虑，已分醉如泥。
浊泪流干后，更声断续时。
醒来还苦忆，起坐一沉思。
窗外东风峭，星光淡欲垂。

在中国公学读书时的那段荒唐岁月里，他更是沉迷杯中物，照他自己的说法，“有时候连日的大醉”。从年轻时的嗜酒到年长后自觉不自觉地频繁应酬，胡适的生活里始终有酒。

1930 年 12 月，胡适 40 岁生日那天，夫人江冬秀送给他的生日礼物是一枚刻有“止酉”两字的戒指。没有文化的小脚太太将“酒”写成了“酉”，着实让前来祝寿的朋友们开怀不已。善意的笑声中，胡适还是领受到了夫人的情意。但是，他仍然摆脱不掉酒的魔力。

与胡适不同的是，丁文江滴酒不沾。在宴席上，他总是用酒来给他的筷子消毒。眼见胡适身体有恙，却又离不了酒，他很着急，一心要劝他戒酒。可以说，胡适的朋友中，真心为他着想劝他戒酒的，没有几个，丁文江算是其中最真诚，也最有耐心的。

早在 1920 年 3 月，胡适的《尝试集》刚刚出版，丁文江就从其中的《朋友篇》里摘出几句诗，请梁启超抄在一把扇子上：

少年恨污俗，反与污俗偶。
自视六尺躯，不值一杯酒。
倘非朋友力，吾醉死已久。
……
清夜每自思，此身非吾有：
一半属父母，一半属朋友。
便即此一念，足鞭策吾后。

然后，他将这把扇子送给胡适，以时时提醒胡适戒酒。在《丁文江的传记》里，胡适说他拿到这件特殊的礼物后，“从此把他（丁文江）看作是一个人生很难得的‘益友’”。

在胡适的日记里，也时时看到丁文江劝胡适戒酒的一番苦心：

1930 年 11 月 15 日
在君来两信，劝我戒酒，良言可感。

胡适将这两封信粘贴在这天的日记之后。丁文江在第一封信中说：“……在这两个星期中，送行的一定很多，惟恐怕你又要喝酒。特地写两句给你，劝你不要拼命，——一个人的身体不值得为几口黄汤牺牲了的，尤其不值得拿身体来敷衍人！”在第二封信中，他借古人劝今人，这样写道：

“今晚看《宛陵集》，其中有题云‘樊推官劝予止酒’，特抄寄给你看看：‘少年好饮酒，饮酒人少过。今既齿发衰，好饮饮不多。每饮辄呕泄，安得六腑和？朝醒头不举，屋室如盘涡！取乐反得病，卫生理则那！予欲以此止，但畏人讥诃。樊子亦能劝，苦口无所阿。乃知止为是，不止将如何？’劝你不要‘畏人讥诃’，毅然止酒。”

尽管胡适没有完全止酒，但他多少也有了些节制。更重要的是，丁文江给予的大哥似的关怀，让胡适倍感温暖。

丁文江为胡家找房子、垫付多出来的租金，又时时劝胡适戒酒，是看重胡适的才华，希望胡适能有一个好的身体，好的写作环境，写出传世华章。

共同“谈政治”

丁文江除了在生活上爱护胡适，他也是胡适事业上的同伴，这缘于他俩有相同的政治态度，相近的政治观念。有如胡适对政治抱有“不感兴趣的兴趣”，丁文江虽然是地质学家，致力于自然科学的研究，但同样对政治有兴趣，甚至他对政治的热衷远远超过胡适。

胡适自美返国时，曾宣称“二十年不谈政治”，在北大期间参与编辑《新青年》时，又豪言“二十年不干政治”，但他终究还是无法消除骨子里的政治喜好，忍不住要往政治上倾靠。

如果说，20 世纪 20 年代初期的胡适对政治还有些若即若离的话，丁文江就应该算是坚定的政治崇拜者了。他有些偏激地认为，中国政治的混乱，不是因为国民素质低，不是因为政客官僚腐败，也不是因为军阀专横，而是因为“少数人”没有责任心，而且没有负责任的能力。他在《少数人的责任》一文中说：“只要有少数里面的少数，优秀里面的优秀，不肯束手待毙，天下事不怕没有办法的。最可怕的是有知识有道德的人不肯向政治上去努力。”

丁文江对胡适“二十年不谈政治”的主张不以为然，他责备他不应该放弃干预政治的责任，更直截了当地指责胡适：“你的主张是一种妄想：你们的文学革命，思想改革，文化建设，都禁不起腐败政治的摧残。良好的政治是一切和平的社会改善的必要条件。”

在《少数人的责任》中，有几句话，胡适看出来是专门冲着他写的：“要认定了政治是我们唯一的目的，改良政治是我们唯一的义务。不要再上人家的当，说改良政治要从实业教育着手。”

胡适看到“不要再上人家的当”这句话，有些哑然。他知道这里的“人家”指的就是他。因为丁文江在其他场合，也时常对朋友们说：“不要上胡适的当，说改良政治要先从思想文艺下手。”

也许我们不能说，胡适抛弃他的“二十年……”的豪言壮语，唯一的原因就是丁文江的鼓动，但可以肯定的是，丁文江激活了他心底沉睡的政治热情，为他投身政治找到了借口，以此角度，他怎能不当丁文江为“益友”呢。

一旦开始谈政治，胡适发现他与丁文江在有些问题上的看法是相当接近的。比如，他的日记里有这样一段：

1921年7月3日

哈丁先生（英使馆参赞）请我、梦麟、孟和、在君、毕善功，到他住的倒影庙内吃饭……

我们谈的很久，后来谈到一个大问题上：“中国这几千年来何以退步到这个样子？”我与在君都主张，这两千年来，中国的进步实在很多，退步很少。这句话自然骇坏了哈丁、毕善功一般人。

……

在君说，“别的且不说，只看印刷术一事，便可见唐远不如宋”。此话极是……

丁文江一直提倡自己周围有职业而不靠政治吃饭的朋友组织一个小团体，研究政治、讨论政治，作为公开的批评政治或提倡政治革新的准备。胡适没有反对。这个小团体人数最多的时候也不过 12 人，他们常在饭桌上谈论政治。后来，丁文江又提议办一个批评政治的小周报，胡适也表示赞成，他甚至亲自为周报取名《努力》周报。

“努力”二字并非胡适一拍脑袋后的突发奇想。早在 1919 年，他在《上山》这首诗里就喊出了“努力”的口号：“努力！努力！努力望上跑！”但是，他在确定此名之前，写了封信给丁文江，征求意见：“在君：那个东西的名字，我想用‘努力’，何如？”显然，他是很尊敬丁文江的。

在周报出版之前，又是丁文江的提议：社员每人每月捐出固定收入的百分之五，必须捐满三个月后，才可以出版。出报之后，这个百分之五的捐款仍须继续，到周报收支可以相抵时为止。经过半年多的筹备，和其中三个月的捐款，《努力》周报于 1922 年 5 月 7 日正式出版。

胡适在这天的日记里，对《努力》周报的出版，表现得异乎寻常的冷静，毫无激动可言，也没有想象中应该有的感慨和憧憬：

1922 年 5 月 7 日

《努力》第一期出版。

不过，他将《努力》首期的发刊词——他写的《努力歌》——粘贴在当天的日记之后，借以表达自己的心志：

“这种情形是不会长久的。”
朋友，你错了。
除非你和我不许他长久，
他是会长久的。

“这种事要有人做。”
朋友，你又错了。
你应该说，
“我不做，等谁去做？”

天下无不可为的事，
直到你和我——自命好人的——
也都说“不可为”，
那才是真不可为了。

阻力吗？
他是黑暗里的一个鬼；
你大胆走上前去，
他就没有了。

朋友们，
我们唱个努力歌：
“不怕阻力！
不怕武力！
只怕不努力！
努力！努力！
阻力少了！

武力倒了！
中国再造了！
努力！努力！”

这首诗中透出的激情与豪迈，反映出胡适当时昂扬的斗志与决心。不过，他在《丁文江的传记》里，谈到这首诗的起意时，说“这种思想，现在回想起来，都可以说是在君当日极力提倡的思想”。也就是说，在创办《努力》这件事上，胡适是深受丁文江的影响的。

在一个星期后的《努力》第二期上，胡适和丁文江以及蔡元培、王宠惠、罗文干等共16位教授和学者共同署名发表了《我们的政治主张》，阐述了“好人政治”的含义。实际上，“好人政府”的思想契合了丁文江的“少数人的责任”的观点。

《努力》虽说是丁文江提议创办的，但成立后的主要实际工作，是由胡适担当的。《努力》周刊只维持了一年半，在胡适、丁文江他们努力搭建起来的“好人政府”垮台后，面对越来越混乱的时局，用作批评政治、监督政治，却无力扭转政治局面的《努力》，它的呼喊声渐渐衰弱。

1922年12月，胡适病了，医生劝他停止工作，但他放心不下《努力》，入住协和医院期间，他仍然不懈地维持着《努力》，继续着他的“少数人的责任”。署名“胡适”的时评文章，还是频繁出现在《努力》周刊上：《高凌蔚证明贿买国会是实》《贿买国会的问题》《今日之事》等。第二年开春，他的病情加剧，不得已接受丁文江等朋友的建议，准备南下杭州养病。

这个时候，他已经对政府彻底失望。比如，他们在《努力》上建议，鉴于奉系军阀正大量增兵，改变编制，增添新式军械重炮，做与直系军阀复仇的准备，而直系军阀也没有闲着，做着随时抵御奉系再度入关的准备这样的令人不安的局势，由政府速即召集一个各省会议，调解奉直的私斗。然而，谁也没有将此放在眼里。又比如，他们曾主张“一个公开的，代表民意的南北和会”，“南北协商召集民国六年（1917）解散的国会”。然而，国会是召集了，但却不是如胡适他们期望的那样“南北协商召集”，如此等等。在胡适看来，创办《努力》的宗旨完全达不到，可以说是失败的。曾在“好人政府”里任教育总长的汤尔和对胡适说过这样一段话，让胡适很受刺激。他说：“我劝你不要谈政治了罢。从前我读了你们的时评，也未尝不觉得有点道理。及至我到了政府里面去看看，原来全不是那么一回事！你们说的话几乎没有一句搔着痒处的。你们说是一个世界，我们走的又是另一个世界，所以我劝你还是不谈政治了罢。”

因而，在离京赴杭之前，胡适有意停办《努力》。他在1923年日记里的《我的年谱》里这样写道：

> 出京之前，我本提议把《努力》停了。在君与上海同人皆不赞成……

既然如此，胡适就将《努力》委托给了高一涵、张慰慈、陶孟和三人。秋天，当他从杭州回到上海时，听闻曹锟贿选总统成功的消息，对国会完全绝望，便于10月9日写信给高一涵，建议《努力》暂时停办。胡适和丁文江一手“养育”的《努力》就这样悄然完结了。他在1923年《我的年谱》里这样回忆道：

> 十月二日下山，五日到上海，六日早起即得到北京国会选出曹锟作大总统的消息。反动的政治已达到了最高峰，我们谈政治的热心此时实在提不起来了。七日与“努力社”同人议决把《努力》停办。

不过，胡适只是对《努力》在政治上的失败感到失望，《努力》在政治以外的其他问题的讨论上，他觉得还是有所为的，特别是关于“玄学与科学”的论争。引起这场论争的正是丁文江，他在胡适于杭州养病期间，针对张君劢在《清华周刊》上发表的一篇《人生观》的讲演，在《努力》上发表了《玄学与科学》的文章。尽管胡适并非认同丁文江的所有观点，但他还是认为《努力》从此“走上了一个新方向，国内的思想界也就从沉闷里振作起精神来”。

其实早在胡适决意暂停《努力》时，就曾有意将《努力》改组为半月刊或月刊，一改专注于批评政治而为着重思想文艺方面的讨论。为此，他也做了不少努力，但终因经费、人手、出版机关等方方面面的困难，《努力》的改组工作终于未能实现。

尽管胡适在《努力》上表现出强烈的历史使命和政治责任，也有政治热情，但他并不深谙政治奥秘，他的谈政治，也就只限于纸上谈兵罢了。

受丁连累，也做了“走狗”

丁文江是个地质学家，按照胡适的说法，他是“两脚走遍全国的地理学者”。也许正因为如此，所以他对军事有着异乎寻常的喜好。他常感叹军事学校出来的军官却不会读地图，而他认为“地理是军事学的一个骨干”。

在英国留学期间，丁文江又常到德国、法国旅行，对这三个国家的军事教育非常关注，也立志要改革中国高等军事教育。对理想中完美的高等军事学校，他有着系统的研究，也曾在胡适面前表达过他的理想：为中国办一个完全现代化的高等军官学校。但是，他一直没有这样的机会。

1925 年 8 月，祖籍江苏泰兴的丁文江因不满第二次直奉大战后奉系军阀将触角伸到江苏境内，与实业家刘厚生等人积极奔走“驱奉救苏”运动，为此特地到杭州，请求军阀孙传芳出兵救苏。

就在这次交谈中，孙传芳答应丁文江出兵的同时，问丁能在哪一个方面帮他的忙。丁文江抓住这个机会，说他能办一个最新式的、最完备的高级军官学校。然而，孙传芳听了大笑，并未当真。

孙传芳出兵驱奉出苏后，设立了淞沪商埠督办公署，自任督办，有意请丁文江做淞沪商埠督办公署的全权总办。他之所以如此看重丁文江，自然是被他的才华所折服。

1926 年 5 月 5 日，孙传芳在上海总商会发表了筹划“大上海”的激情演说。这份演说稿就是丁文江起草的。也就是说，孙传芳的“大上海”计划，实际上融入了丁文江的理想：建立一个行政总机构，把租界周围的中国地区——南市、闸北、沪西、浦东、吴淞——向来没有统一的行政中心的，完全统一在这个新的行政总机构之下。

在接到孙传芳的邀请时，丁文江正与胡适同在上海，正以中英庚款顾问委员会中方委员的身份，陪同中英庚款委员会副主席、英方委员卫灵敦子爵在沪、宁等地调查征求庚款使用的意见。

丁文江并非立即就答应孙传芳的。在《丁文江的传记》里，胡适说丁文江曾经找他商量。但是，胡适没有说明他当时的态度。在胡适日记里，我们也没有看到有关这方面的记载。然而，《丁文江的传记》里有这样一段话，足可推断胡适的肯定态度：“我们在三十年回想起来，丁在君当日担任的建立一个统一的‘大上海’的工作确是一件有远见，有开创的魄力的建设大事业。”

或许就是因为胡适的支持，以及卫灵敦子爵的鼓励，丁文江这才欣然接受了孙传芳的邀请。为此，他放弃与胡适赴英出席中英庚款委员会会议，留在上海，走马上任。胡适则于 7 月份，去了伦敦。

胡适在 1926 年《欧洲日记》里，粘贴了一份国民党下属组织“中国旅欧巴黎国民党支部”散发的传单，其中有这样的话：“……最近丁文江又替孙传芳做了走狗，这是无可讳言的。不幸我们又发现了胡适博士亦做了同样的勾当！……此次胡氏来欧，假名办理退还英国庚子赔款事，实为了孙传芳的命令，来与英国、法国等帝国政府协商勾结阴谋，并且到处肆口狂言，为孙传芳虚张声势……可是这位向来被称为学者和青年的指导者的胡适博士，竟甘心当孙氏之走狗！胡氏的人格行为真可谓卑鄙已极了。因此……敬告于旅欧华侨同胞们，请注意这个孙氏走狗胡适的一切行动……”

当时，胡适并没有在日记里对此传单表明他的态度。按照他自己的说法，是“每天写几千字的读书日记，没有工夫记此等事”。直到14年以后，他才在日记里详细记载了有关这张传单的故事：

> 1940年12月30日
>
> 这一张“传单”是有人在巴黎万花楼上散发的。
>
> 有一晚上我同孟真等约了在万花楼吃晚饭，我偶然被一件事耽误了，去的很迟。
>
> 我在门口碰着万花楼老板张楠，他低声说：“楼上有人发传单骂你。我特为站在门口等你。你不要进去了吧？”我大笑，说：“不要紧，我要吃饭，也要看看传单。”
>
> 我上了楼，孟真、宗岱等人都在候我吃饭。我留心四望，竟看不见一张传单。我就不提起此事。吃完了饭，我们走到对街一个路角咖啡摊，坐下闲谈。我才问他们看见传单没有。他们说，他们把传单全收起了，怕我生气。我说，我决不生气。
>
> 他们把几张传单交给我，我保存了一张在这里。

从他的这份日记里，我们的确看不到他为这张“传单”而生气。也许他不屑，也许是时隔久远，他早已淡然。然而，虽然这份传单里的措词有些偏激和夸张，比如“走狗”“卑鄙”之类，但是，说胡适是丁文江身后的“谋者”，也并不为过。

丁文江接受孙传芳的邀请，是得到胡适支持的；丁文江上任后，时时给远在欧洲的胡适写信，转告“大上海”计划的实施进展情况，征询胡适的意见，胡适也常常给予指点。比如，丁文江在 1926 年 11 月 28 日的一封信里这样写道：“你来信所说的整理内政，我当然是赞成的，就是孙也想如此做去。我近来并且作了一个整理内政的具体计划，如……凡你所说的都可以包括在内……”

丁文江在总办这个位置上仅仅待了 8 个月，虽然身背“孙传芳走狗”之名，但也做了一些实事，比如建立了“大上海”的规模，第一次有了统一的市行政，统一的财政，现代化的公共卫生等。又比如，他在任上时，收回了许多重大的权利，特别是取消了治外法权的“会审公廨”[①]。从这个角度说，也是“走狗”的胡适，是起了一定作用的。

丁文江客死他乡

丁文江在得知刘半农因回归热而病逝后，曾经在给胡适的一封信里这样说：“假如半农小心点——多用杀虫药粉，而且带帆布床，当然是不会把性命送掉的。”他自己，一直以小心生活为荣，所以身边有朋友说他“旅行太小心，太求舒服”。他因地质考察的工作需要，时时在内地穿行，难免会进入恶劣的环境，所以他养成了小心的习惯。

然而，仅仅一年半以后，丁文江却也因“不小心”丢掉了性命。

---

① “会审公廨”：是清廷与英、美、法三国驻上海领事根据 1864 年签订的《虎门条约》协议在租界内设立的特殊审判机关。即凡涉及外国人案件，必须有领事官员参加会审；凡中国人与外国人间诉讼案，由本国领事裁判或陪审，甚至租界内纯属中国人之间的诉讼也由外国领事观审并操纵判决。它的确立，是外国在华领事裁判权的扩充和延伸。而“领事裁判权”，又被称为“治外法权”，是外国侵略者在强迫中国订立的不平等条约中所规定的一种司法制度，即，凡在中国享有领事裁判权的国家，其在中国的侨民不受中国法律的管辖，只由该国的领事或设在中国的司法机构依其本国法律裁判。

他并非不小心忘带杀虫药粉和帆布床，而是不小心忘了医生的忠告。他因感觉两手两脚的指尖有点麻木而入协和医院检查，结果是有血管硬化的迹象。随后，即 1935 年 12 月初，他未听医生“多休息，不要太劳苦”的劝告，亲自去湖南考察粤汉铁路沿线一带的煤矿储量和可开采的现状。在衡阳，他患上了感冒。晚上入睡前，他又服了安眠药，不幸煤气中毒，昏迷不醒，生命垂危。

胡适得知消息后，震惊不已。从此，他时时刻刻牵挂着丁文江的病情。他从 1935 年 12 月 10 日闻讯后，一直到次年 1 月 5 日丁文江病逝，在近一个月的日记里，详细记载着他所打听到的丁文江病情的发展情况。我们也因此可以清楚地了解丁文江如何走完人生最后一个月。

1935 年 12 月 10 日

今天下午回家时已过八点，得咏霓两电，说在君在衡州病重，两天未醒，不知是中煤气或服安眠药。

1935 年 12 月 12 日

今天得……来电，说在君已清醒，记忆力已恢复，三日内可迁到长沙休息。

丁文江被人发现煤气中毒后，被误治而做了长达 6 小时的人工呼吸，致使左胸第五根肋骨折断，出现“胸脓”现象。但是，谁也没有发现。稍稍清醒后，他被送到长沙湘雅医院治疗。17 日，他托朋友转告胡适和傅斯年，希望他们去长沙与他见个面。

这个时候，“一二·九”运动的烟火还未褪尽，胡适忙于协助北大校长蒋梦麟竭力劝阻学生罢课和南下请愿，无法抽身。傅斯年一个人去了长沙，不时向胡适通报丁文江的消息。胡适日记这样记道：

1935年12月24日

午一时得孟真急电：“在君病转剧，烧三九余，气促，医疑胸肺有脓，乞请协和派胸部手术医生飞京转湘，并带用具及氧气桶。”我得电即去访协和王锡炽院长，与商此事。他发一电与长沙杨济时医生，要他详告诊断病情。

……

这一天心绪最恶。

1935年12月25日

今晚得湘电：“在君前晚危，昨抽脓并施各法，温脉大降，未全脱险，仍续抽。”

胡适不放心，再三与协和王锡炽院长联系，终于促成协和决定派外科主任鲁克斯去长沙。他一方面电告傅斯年，一方面又打电报给南京的翁文灏，请翁为鲁克斯准备飞长沙的专机。27日那天夜半，天刮狂风，吹乱了仍未入睡的胡适的心，他担心如此恶劣的天气下，飞机不能如期起飞；他更担心丁文江会因此被延误诊治。呼呼的风声下，他心烦气躁，更加不能入眠。这样的心情，他在日记里也有记载：

1935年12月28日

昨夜我写《外交公开》一文，到两点始睡，外面大风，我很虑今早Loucks不能飞。今早我两次醒来，听见窗外大风怒号，心极焦虑。

早晨始知Loucks已飞去了，又见空中有日本飞机，心始放宽一点。

1936年新年的第一天，胡适就得到了好消息，说丁文江的病情有好转。然而，他一直悬着的那颗心还未完全放下，坏消息却接二连三地“赶”到他的面前。4 日下午 1 点到晚上 9 点，他连续收到三封来自长沙的电报，都说丁文江“病危”。深夜，他与刚刚回京的鲁克斯（Loucks）和傅斯年一同赶到王锡炽院长家，与协和的脑外科、内科、神经科等各科主任商量抢救办法。然后，他跑去电报局，给丁文江的主治医生杨济时发电报，转告专家们的研究结果：“在君之病不是煤气毒，已是脑充血了。”因为如此，他的心绪异常恶劣。

大半夜的奔忙，胡适心力交瘁。但是，上苍没有能够体察到他对朋友的深厚情意，仍然决绝地带走了丁文江。第二天下午，最坏的消息传来。胡适在日记里这样记道：

> 1936 年 1 月 5 日
>
> 我始终盼望病尚可好转！
>
> 晚在王子文家，得王院长电话，说在君下午死了！我赶回家，得电云：“在君昨日转危，于今日下午五时四十分逝世。农、曼。”

日记里所说的“农”指的是朱经农，“曼”是徐韦曼。

丁文江去世后，胡适作为他的遗嘱见证人之一，将其中关于丧葬的部分，摘抄后电告朱经农和徐韦曼，又电告遗嘱执行人竹垚生，请他们妥善办理丁的后事。

一个月后，胡适用心撰写的文章《丁在君这个人》完成。他在文中称丁“是最可敬爱的、最可亲爱的。……这样一个朋友，这样一个人，是不会死的。他的工作，他的影响，他的流风遗韵，是永远留在许多后死的朋友的心里的。”同时，他在其编辑的《独立评论》188 期上，推出“纪念丁文江先生专号”，收入回忆文章 18 篇。

骨骼峭立的《丁文江的传记》

胡适是名人，被名人立传的人肯定不是等闲之辈，《丁文江的传记》又是胡适晚年的最后一部书稿，所以格外引人注意，于是也就成了名著了。

在丁文江去世后，欲给他作传的除了胡适，还有一个就是傅斯年。相比胡适，傅斯年更加积极。丁文江出任淞沪公署总办时，正在德国留学的傅斯年对丁文江的所谓“走狗”行为咬牙切齿，对胡适说“丁文江可杀”。

1929 年，胡、傅、丁三人首次合聚，开始的气氛一时有些紧张。傅斯年和丁文江都是胡适的挚友，胡适自不愿意看到他俩横眉冷对，便以一句玩笑话打破了僵局：“在君呀！这就是要杀你的傅孟真。”大家忍不住都笑了，傅、丁二人随之释然。

此后，傅斯年也和丁文江成了好朋友。在丁文江去世后，他评价丁“是新时代最善良最有用的中国人之代表”。然而，忙忙碌碌间，十几年一晃而过，当他收拾好心情，准备开笔真正开始为丁作传时，却突然于 1950 年 12 月因脑出血而去世。这样，为丁作传的任务就落在了胡适肩上。

《丁文江的传记》是胡适 65 岁那年完成的。他托蒋廷黼带至台湾出版。他在日记里这样记道：

> 1956 年 3 月 7 日
>
> ……
>
> 昨夜一夜没有睡，写到天明七点才写完。十点，游建文兄来取去。
>
> 此稿本凡 333 页，每页 299 格，总计约九万多字。共写了三个月。

1956年3月12日

昨晚写到今早三点，补写了《在君传》的末章，记他的死。全传不止十万字。

……

胡适对此书颇为自负，认为丁传的写法是写传记的正轨。

此书如胡适自言，篇幅在10万字左右，写得不可谓不好：丁文江生平的重要经历与贡献都写到了；虽然胡适对丁文江充满了敬佩，但他决不将这种主观的感情代替客观的分析，因而通篇少过誉之辞，对传主的评价也就比较公正；胡适又十分注重历史的真实性，对史料不加任何渲染。可惜的是胡适的认真投错了对象，上述写法或许可以成就一部历史佳作，可是对于胡适本意欲写成一本文学性的传记，长处便失其所长，缺点倒像是兔唇里的牙齿，龇出来了。

胡适曾自谓“受历史训练深于文学训练”。当年他写《四十自述》时，就曾以小说笔法才写了第一篇，便“不知不觉”地“回到谨严的历史叙述的老路上去了”，结果使徐志摩很失望；在《丁文江的传记》中，胡适所受“历史训练”与其走“老路”的痕迹依然十分明显。

比如他引用传主某著作的某部分，必写明出自第几章、载于何刊第几期，有时列举自己的文章内容，也必写明出自哪本专集、第多少页，真是一丝不苟；他可能不习惯于用生动自然的事例来表现传主的了不起，而喜欢以归纳的方式这样写：“他的第一个最大贡献……第二个最大贡献……第三个最大贡献……”即使写到他与传主的直接对话，也要这样写：“据他的口谈，有如下几点：一……二……三……”条理固然清楚矣，可是趣味呢？

所以经胡适之笔展现在读者面前的丁文江是平面的丁文江，而不是立体的丁文江；我们只见丁某骨骼峭立，而不见其血肉之躯，正如小说家徐讦所说：“丁文江的传记虽是一本好书，但与现代的所谓传记文学完全是两种东西，我们读适之先生给我们一组一组的素材，但是看不到丁文江一个人……只看到胡适之先生‘说’他是科学家，‘说’他是军事教育家，‘说’他是政治家，‘说’他是什么什么，总之一部传记都是胡适之先生自己的宣判式的‘考语’，并没有丁文江自己的自动自发的行为。”

胡适把丁文江写得如此单薄，固然有资料匮乏的原因，比如传主早年的活动资料，的确极少，但其后半生的社会活动胡适应该是了解的，甚至某些时候两人是在同一个圈子，生活中彼此更是惺惺相惜的挚友。《丁文江的传记》中就写到胡适曾陪丁文江及其家人先后在北戴河、秦皇岛避暑，他们“常在沙滩上散步，或浮在水上谈天”。可是具体“谈”了什么，胡适却不着一字，整本书几乎没有丁文江的音容笑貌、脾气性格，所以胡适本可以把丁文江写得丰满些的，可他却没有这样做。

与晚年的胡适有很多交往并写有《胡适杂忆》的唐德刚先生也批评胡适以“小心求证”“言必有据”的所谓最严格的科学方法把丁文江写成了一个“蜡人”——虽纤毫毕现，却少了一口生气。《丁文江的传记》当然不失为一部相当有价值的作品，可是大概也只有历史研究者感兴趣了。

拜见废帝，引来哗然一片

有人狭隘地以为高喊“打倒孔家店”口号的胡适是反孔的，非儒的。然而事实上，按照他自己的说法，他对孔子是相当尊崇的。尽管作为新文化运动的领袖，胡适是主张民主自由个性独立而反对封建礼制的，但是，这并不意味着他全面否定孔子以及孔子思想。甚至在有些时候，他的行为多少透露出传统孔学思想的印迹，因此表现出矛盾的、不尽合理的方面。比如，他一方面推崇婚姻自由，一方面却又服从包办婚姻；他一方面反对愚孝，一方面却又因为“孝”字而在母亲面前放弃了个性解放。

对孔子的尊崇，必定使胡适的内心深处保留着一份传统。这份传统中，有孝，也有忠，自然也会有“君君、臣臣、父父、子子”以及“忠君尊王”的孔学思想。这也就不难解释他感动于末代皇帝溥仪的“召见”了。

接到“小皇帝”的召见电话

胡适与溥仪，很显然的一对矛盾体：一个代表着民主，一个代表着专制。因此，当他俩见面的消息传出紫禁城之后，一片哗然，却不知民主的胡适在遭遇封建的旧皇帝时，居然有些惶惶然。

辛亥革命后，南京临时参议院通过了《大清皇帝辞位后之优待之条件》，末代皇帝因此得以仍居深宫，实际继续着他的“皇帝”生活，虽然并非无忧无虑，但也逍遥自在。在洋师傅庄士敦的调教下，红墙内的小皇帝对外界的一切新事物都充满了好奇：眼镜、电话、自行车。同时，他也了解了国内外的政治文化形势，知道了“新文化运动”（他称之为“白话文运动”），也就“认识”了胡适，读过《尝试集》，也读过《文存》。

有一天，他拨弄着刚刚安装好的电话，翻着电话号码本，玩心陡生，先将电话拨到了京剧演员杨小楼的家，学着京剧里的道白腔调问：“来者可是杨——小——楼呵？”然后又给“东兴楼饭庄”打电话订餐，胡乱报了个地址。玩了一阵后，他就突然想起了胡适博士，很想听听洋博士是用什么腔调说话，随即一个电话打到胡适家。胡适在日记里这样记道：

> 1922 年 5 月 17 日
>
> 今天清室宣统帝打电话来，邀我明天去谈谈。我因为明天不得闲，改约阴历五月初二日去看他。

突然接到皇帝电话，胡适很愕然，不敢相信。

当时电话接通后，他听到的第一句问话是：“你是胡博士啊？好极了，你猜我是谁？”胡适试图猜了一下，但觉无聊，便直接问：“你是谁啊？怎么我听不出来呢？”电话那头传来一阵“哈哈哈”的笑声后，说：“甭猜了，我说吧，我是宣统啊！”胡适自然愣了片刻，不知是再追问对方，还是自语：“宣统？……是皇上？”小皇帝的声音干脆利落，也有一种居高临下之威严：“对啦，我是皇上。你说话我听见了，我还不知道你是什么样儿。你有空到宫里来，叫我瞅瞅吧。”

庄士敦在紫禁城内

电话断了，胡适估摸了半天，还是不能确定，赶紧去问庄士敦，证实此事。

胡适与庄士敦的结识缘于他俩都是北京一个国际性团体“文友会”的会员。“文友会”由中、美、英、法、荷和苏等国籍人士组成，定期开会，讨论内容涉及政治、社会和文化。胡、庄曾经先后担任过该会会长。

溥仪给胡适打电话，只是玩笑。他让胡适“有空到宫里”，也只是随便一说。但在胡适看来，这是皇帝对他的“召见”，自不敢怠慢。他在进宫之前，先做了一番准备，向庄士敦了解了溥仪的近况。对此，他在日记中有详细记载。

1922年5月24日

我因为宣统要见我，故今天去看他的先生庄士敦，问他宫中情形。他说宣统近来颇能独立，自行其意，不受一班老太婆的牵制。前次他把辫子剪去，即是一例。上星期他的先生陈宝琛病重，他要去看他，宫中人劝阻他，他不听，竟雇汽车出去看他一次，这也是一例。前次庄士敦说起宣统曾读我的《尝试集》，故我送庄士敦一部《文存》时，也送了宣统一部。这一次他要见我，完全不同人商量，庄士敦也不知道，也可见自行其意了。庄士敦是很稳健的人，他教授宣统，成绩颇好；他颇能在暗中护持他，故宣统也很感激他。宫中人很忌庄士敦，故此次他想辞职，但宣统坚不肯放他走。

看得出来，对于皇帝的召见，胡适并不排斥。也看得出来，他对溥仪这个人很有兴趣，似乎很欣赏小皇帝的独立意识。不过，他到底是新派人士，在向庄士敦了解宫里的一般规矩时，也很担心会被迫三跪九磕，他自然不能接受，也顾及到传出去名声受损。直到确定他进宫，并不会让他磕头，而且他听说小皇帝脾气还好，就放了心，去了。

一个星期后，胡适如约走进了紫禁城。他在日记里记载了这次的会见过程。

1922年5月30日

今日因与宣统帝约了去见他，故未上课。

十二时前，他派了一个太监，来我家接我。我们到了神武门前下车，先在门外一所护兵督察处小坐，他们通电话给里面，说某人到了……

他们电话完了，我们进宫门，经春华门，进养心殿。清帝在殿的东厢，外面装大玻璃，门口挂厚帘子；太监们掀起帘子，我进去。清帝已起立，我对他行鞠躬礼，他先在面前放了一张蓝缎垫子的大方凳子，请我坐，我就坐了。我称他“皇上”，他称我“先生”。他的样子很清秀，但单薄的很；他虽只十七岁，但眼睛的近视比我还利害；穿蓝袍子，玄色背心。室中略有古玩陈设，靠窗摆着许多书，炕几上摆着今天的报十余种，大部分都是不好的报，中有《晨报》、英文《快报》。

几上又摆着白情的《草儿》，亚东的《西游记》。他问起白情，平伯；还问及《诗》杂志。他曾作旧诗，近来也试作新诗。他说他也赞成白话。他谈及他出洋留学的事，他说：“我们做错了许多事，到这个地位，还要靡费民国许多钱，我心里很不安。我本想谋独立生活，故曾要办皇室财产清理处。但许多老辈的人反对我，因为我一独立，他们就没有依靠了。”他说有许多新书找不着。我请他以后如有找不着的书，可以告诉我。我谈了二十分钟，就出来了。

17 岁时的溥仪

纵观胡适日记，除了与特别的人（如蒋介石）进行的特别的交谈，一般情况下，他在日记里很少将某天与某人的交谈记录得如此详尽。可见他对与皇帝的会见，还是很看重的。当然，对于普通人来说，紫禁城、皇帝总是带有很神秘的色彩。能够得以一见皇宫，已是幸事，何况还与曾经的帝王面对面，那更是难得的奇事了。这是一般人的心理。从这个角度上看，胡适的重视，也是可以理解的。

不过，他的这篇日记与溥仪的回忆录《我的前半生》的有关记述有所出入。在日记里，他说是溥仪派了一个太监去他家接的他。据溥仪回忆，当时他并没有将给胡适打电话一事放在心上，“也没叫太监关照一下守卫的护军，所以胡博士走到神武门，费了不少口舌也不放通过。后来护军半信半疑请奏事处来问了我，这才放他进来”。

当新派的胡适与老旧的皇帝见面的消息传出后，据溥仪在《我的前半生》中的回忆，在宫中像炸了油锅似的。而在社会上，一样也是沸沸扬扬，甚至更有许多传闻，诸如“胡适为帝师”“胡适请求免拜跪”等等。为以正视听，胡适写了一篇《宣统与胡适》，刊登在《努力》周报上。文章中说：“一个人去看一个人，本也没有什么稀奇。清宫里这一位十七岁的少年，处境是很寂寞的，很可怜的；他在这寂寞之中，想寻一个比较也可算得是一个少年的人来谈谈：这也是人情上很平常的一件事。不料中国人脑筋里的帝王思想，还不曾洗刷干净。所以这一件本来很有人味儿的事，到了新闻记者的笔下，便成了一条怪诧的新闻了。”

对于清廷的遗老们来说，胡适是“新”人，他们自然不能容忍他们尊贵的皇帝受到“污染”；对于身处共和体制下的人们来说，皇帝是封建的“旧”人，是要被扫进历史的垃圾堆里的，自然不能谅解胡适前往拜见的“奴性”行为。而对于胡适来说，按照他在文章中的所说，他只是去见“一个人”，一个寂寞可怜的少年。

胡适在见过溥仪之后，有一种很强烈的感觉，那就是：溥仪太寂寞了、太可怜了。但同时，他从庄士敦对溥仪的介绍，以及他自己与溥仪的交谈，他又感觉溥仪是个不甘寂寞而一心向往红墙外广阔世界的有独立个性的孩子。几天后，他在6月6日的日记里写了一首诗：

有感

咬不开，捶不碎的核儿，
关不住核儿里的一点生意；

百尺的宫墙，千年的礼教，

锁不住一个少年的心！

有人曾经推测这首诗是写给情人曹诚英的，胡适不过是借事说事，借人说人。不可否认的是，这首诗至少在表面上写的还是溥仪。

为了溥仪的寂寞和可怜，胡适萌生出拯救之心。他在6月7日写给庄士敦的信中表达了他有心帮助溥仪冲出皇宫这个“理智的监狱”。然而，这不过是他一厢情愿罢了。溥仪毕竟不是一个普通的孩子，也不是胡适想拯救就能拯救得了的。实际上，他也不需要胡适的拯救。

从胡适的日记里，我们似乎看不出他对皇帝的诚惶诚恐，只是“行鞠躬礼”而已。但是，他在给庄士敦的信里，却没有掩盖他的“君主”思想。在信中，他说：“我不得不承认，我很为这次召见所感动。我当时竟能在我国最末一代皇帝——历代伟大的君主的最后一位代表的面前，占一席位！”这其实从他仍然恭敬地称呼溥仪一声“皇上”就已经可以看出了。尽管依照“优待条款”，皇帝尊号仍存不废，但是，胡适毕竟不是清朝遗老，而是有着民主思想的新派人物。于是，他称呼“皇上”就不同于普通人称呼“皇上”，就不免让人对他的真实心理产生些许怀疑。

胡适的这一段话充分暴露了他“这个人”：表面上他是个受过西方文明浸染又力主民主自由的新派人物，但实际上他并没有彻底完全抛弃某些封建遗毒。在一个已经共和了的“新”社会中，他却仍然为一个被废了的封建帝王的接见而“感动”，足见在他的内心深处，仍然保存着封建的忠君尊主思想。所以，他说“他很尊崇孔子”的确是句大实话。

在这之后的1924年3月27日，胡适又一次进宫见溥仪。不过，他没有将这次的见面记录在日记中。据庄士敦的回忆，此次见面为时甚短。

抗议修正优待清室条件

如果胡适被皇帝召见后的“感动”不足以说明他其实是有君主思想的话，那么，在1924年冯玉祥的“北京政变”后，胡适所表现出来的对“优待清室条件”的修正决议的愤慨与抗议，就很难解释其动机了。

当胡适听说“永远废除皇帝尊号、移出宫禁自行选择住居”等修正决议之后，几乎未作他想就致信新组阁的“摄政内阁”外长王正廷，表示抗议：

> ……
>
> 我是不赞成清室保存帝号的，但清室的优待乃是一种国际的信义，条约的关系。
>
> 条约可以修正，可以废止，但堂堂的民国，欺人之弱，乘人之丧，以强暴行之，这真是民国史上的一件最不名誉的事。今清帝既已出宫，清宫既已归冯军把守，我很盼望先生们组织的政府对于下列的几项事能有较满人意的办法：
>
> （一）清帝及其眷属的安全。
>
> （二）清宫故物应由民国正式接收，仿日本保存古物办法，由国家宣布为“国宝”，永远保存，切不可任军人政客趁火打劫。
>
> （三）民国对于此项宝物及其他清室财产，应公平估价，给予代价，指定的款，分年付与，以为清室养赡之资。

对于胡适要求妥善保存“清宫故物”，大多数人是能够接受的，因为那些毕竟属于文物，理应保存。但是，对于他将“驱逐溥仪小朝廷”视为“欺人之弱，乘人之丧”的“强暴行为”，这就很难让人与之共鸣了。于是，自他的这封信在《晨报》上全文登载后，他的此番“抗议”立即招来抗议声一片，其中不乏他的同事和朋友，几乎无一人支持他。

由于庄士敦首先表达了对胡适“抗议”的支持，他向胡适表示祝贺的同时，赞赏胡适“说出了一件正确的事情”，所以，周作人在给胡适的反对信中，说：“这些帝国主义的外国人都不是民国之友，是复辟的赞成人，中国人若听了他们的话，便上了他们的老当。清室既然复过了辟，已经不能再讲什么优待，只因当局的妇人之仁，当时不即断行，这真是民国的最可惜的愚事之一。”

相对于周作人语气的委婉，北京大学的李书华、李宗侗反对胡适的态度要激烈得多。他们联名给胡适写了一封信，直言胡适的“抗议”是错误的，同时表达了对一个“新文化的领袖，新思想的代表，竟然发表这种论调”的遗憾。

在铺天盖地的指责声中，胡适也感觉到了压力。不过，他是善于抓住事物的根本的，他一再强调他其实一直“不赞成清室保存帝号的”。但是，他的这个表白更显出他是矛盾的：既然不赞成清室保存帝号，那么又为何要抗议取消清室优待条件。他又说他只是“反对暴力”，但正如周作人所说：“但以经过二十年拖辫子的痛苦的生活，受过革命及复辟的恐怖的经验的个人的眼光来看，这乃是极自然极正当的事。”从另一个方面说，革封建的遗留物的命，难道还需要温文尔雅吗？其实从根上找原因，似乎是君主思想在作祟，不过，胡适从来也没有（当然他也不会）承认他有君主思想。

在溥仪被逐出清宫、民国政府筹建故宫博物院时，有人意外地发现了一张胡适写给溥仪的名片，上面写着：“今日因有课，不能入宫，请恕罪。”这个“请恕罪”可谓意味深长。

1931年9月的一个星期天，胡适和徐志摩、罗尔纲等一起游景山。站在景山山顶，俯视恢宏壮阔的故宫，一路上笑而论道的胡适突然沉

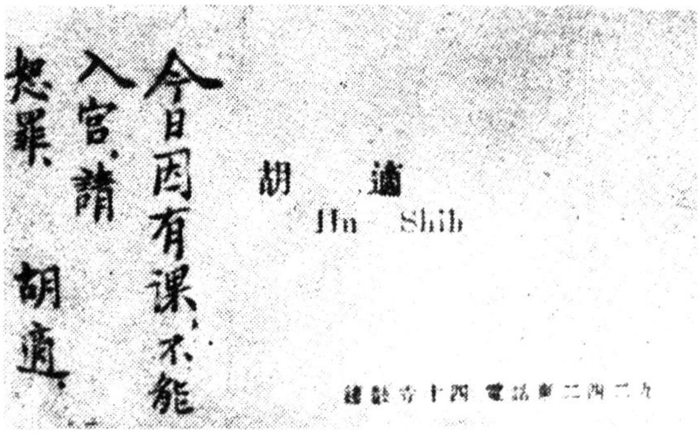

遗留在故宫内的胡适名片

下脸来，低声道：“东北情况严重，如果当年冯玉祥不把溥仪驱逐出宫，今天北平不知怎样了，那时我反对把溥仪驱逐出去，我错了！”[①]

时隔 7 年，胡适终于认错了。

① 罗尔纲：《师门五年记（增补本）》第 132 页，三联书店 1998 年 7 月第一版。

与陶行知：两个安徽佬

胡适与陶行知的“天然”关系无人能比：

同乡：胡适原籍安徽绩溪县，与陶行知的故乡歙县不过几十里路程，两县自宋代至清朝，都属于徽州；

同庚：胡适比陶行知只晚出生整整两月。

同投杜威门下

胡适是庚款第二届官费留学生，当陶行知还在南京汇文书院中学部读第二年的时候，胡适便漂洋过海了——比陶行知早 4 年到美国。他先入纽约州绮色佳市康奈尔大学农学院学农科，3 个学期后忽然觉得所学近于屠龙之技，自己也毫无兴趣，于是转入本校文学院。除了文学课程，他还修习了哲学和心理学、政治和经济学，获文学学士学位。而后又读康大研究院哲学系，因平常四处演讲，耽误功课太多，校方停了他的奖学金。他便离开康奈尔大学，转到哥伦比亚大学哲学系攻读博士学位，投在杜威门下。

陶行知自金陵大学毕业后，随即自费赴美，入伊利诺州立大学，次年毕业后入哥伦比亚大学师范学院攻读博士，正好与胡适同时入哥大！

当时，胡适和陶行知这两个一样读书聪明、一样踌躇满志、一样前途无量的青年不约而同地来到哥伦比亚大学攻读博士，他乡遇老乡，抡起乡音来，一天之下，那份亲切懂我唯你，懂你唯我！问起生辰又在百日之内，饭桌上酒都要多喝一杯。两人又同做了杜威弟子，一师二徒，同门之谊，彼此该有份情同手足的亲切。

陶行知最早出现在胡适的日记里，是这年的6月16日。胡适在这天的日记里还夹着一张相片，是杜威与安徽安庆人胡天濬的合影，拍照片的是陶行知。胡适写道：

1916年6月16日

杜威（John Dewey）为今日美洲第一哲学家，其学说之影响及于全国之教育心理美术诸方面者甚大，今为哥伦比亚大学哲学部长，胡、陶二君及余皆受学焉。

可见他与陶行知的关系的确是颇为亲密的。

可是在胡适竭力提倡文学革命的最初阶段，陶行知却置身事外，未能做胡适的同志，因而错过了可能在新文学史上占有一席之地的机会。

那是在入哥大之前不久，胡适为美国东部中国学生会成立的“文学科学研究部”年会准备了一篇论文，名叫《如何可使我国文言易于教授》，探讨中国文字的改革问题，涉及了教育——汉文到底能不能成为传授教育的有效工具。意即传统的学习汉文的方法不能成为有效工具，而必须加以变革，其中一条便是主张采用标点符号。随后他又对一班朋友任叔永、杨杏佛、梅光迪、唐擘黄等人说白话是活文字，古文是死文字，中国文学非来一场革命不可云云，但朋友们不以为然。

胡适在前往哥伦比亚大学就读的火车上，写了一首诗，寄给他的朋友们，其中有句“要须作诗如作文”，更引来反对意见。梅觐庄拍案而起挑头反对；任叔永随声附和；杨杏佛也站在“敌营”里，只不过他在上海中国新公学时作过胡适两天的英文课学生，碍于师生之道，尚不敢明目张胆。自 1916 年上半年开始，双方的激烈辩论起起停停，一直延续到下半年。

在哥伦比亚大学读书时的胡适

胡适势孤力单，他曾说到自己当时的心情：“我心里最感觉失望的，是我平时最敬爱的一班朋友都不肯和我同去探险，一年多的讨论，还不能说服一两个要好朋友，我还妄想要在国内提倡文学革命的大运动吗？”

胡适在这样的处境和心情下，热切地“盼望得一个半个同行的伴侣”，以陶行知的聪慧与才识，又在同一个校园，可以就近而随时谈心，本应是胡适的理想目标。

如果胡适曾将目光投向陶行知的话，那么他一定失望了。显然他俩在当时并未能形成足够程度的思想交流。因为不见陶行知有任何对胡适文学革命主张赞同或反对的文字。而从陶行知回国后的整整一年半的时间内，在报刊登载的文章或是整理发表的演讲记录还大多是文言文，甚至通篇没有标点符号，就可以略窥他对胡适的主张的热心程度了。同时在胡适大记特记他与朋友们就文学革命问题而交锋的日记中，也不见有关于陶行知的只言片字。这真是一件有点奇怪的事。

胡适的形单影只并未延持多久，他得到了一位女性的支持，她便是当年与陶行知同船赴美的陈衡哲。陈衡哲虽未参加胡适与朋友们的争论与笔战，但明显对胡适的观点寄予同情，甚至于躬亲实践，创作了一些白话小说和新诗。其中《一日》就这样“一不小心”拔得新文学白话小说的头筹，比鲁迅的《狂人日记》还早一年，她自己也因此赢得“新文学第一位女作家”的美誉。胡适由此对陈衡哲感激涕零，他说：“她是我的一个最早的同志。我对她有一种很深的和纯洁的敬爱。”本来这句深情的话陶行知是可以让胡适对他说的。

“小先生运动”的由来

留学前后的陶行知

胡适留学美国几年，日记达三四十万字，可是提及陶行知的只有两处，除了上面提到的以外，另一处也是一帧相片，是陶行知与张彭春的合影。张彭春是南开校长张伯苓的胞弟，当年与胡适同船赴美留学，此时也在哥大，在与陶行知合影后不久，即获文学硕士学位回国。胡适在日记里说陶、张二位都是难得的人才，乍一看评价很高，再一想却近于敷衍——不过是一般的客套话。

胡适与陶行知先后学成归国，两人一个在北京大学，一个在南京高等师范，因距离遥远来往不多，但一旦重逢仍然亲密如故。胡适日记里这样写道：

1921 年 7 月 31 日

七点半到南京，汪乃刚在车站接我。同到知行家中，吃了一碗粥，即去讲演。

1922年3月28日

陶知行昨夜从南京来，今天住在我家里。

喝稀饭、住在家里等等，非不见外不能如此。

20世纪30年代中期陶行知创办工学团暨开展小孩教小孩、小孩教大人的“小先生运动”，自言“小先生”思想萌芽于他6岁的次子教祖母识字。而从胡适的日记来看，萌芽的时间还可提前——

1922年9月24日

早起洗面时，教祖儿唱：

风来咯，雨来咯，老和尚背了鼓来咯。

（Vitale［卫太尔］《北京儿歌》之一，P.103。）

祖儿一唱便会，但他唱第二遍时，便把末句改为“老和尚背子一个鼓来咯。”他今年只三岁半，这个改法都有道理。他跟着王妈学北京话，王妈是京西海甸人，读语尾“着”皆如“子”。例如，《槐树槐》一首中的

说着说着就来了，

骑着驴，打着伞。……（Vitale，P.31）。

祖儿跟王妈学此歌，“着”字都改为“子”字。“老和尚”一句里“着”字确胜于“了”，因为这是 carrying，不是 carried。“鼓”字上加“一个”，想是因为音节上的关系，平民文学的修正，原来是这样来的！知行住在我家，我就把这事告诉他，他笑着说，“三岁半的小孩子要替哲学博士改文章了！”

陶行知不提这一节，若说是因为淡忘也完全可能，毕竟是十几年前的事了。当然也不排除是他不愿提及，因为他俩早已话不投机了。

胡适日记里有这样一段内容：

1923年6月3日

九点半，到沧州别墅，看熊秉三夫人。在座的有经农、陶知行、任之、观澜、晏阳初、沈信卿等。谈的是用嘉兴现在试验的平民教育方法。其法以幻灯教授“千字课”，颇有奇效。知行与熊夫人们发起此会，想另组织筹备会，为大规模的推行。

晏阳初在美国普林斯顿大学研究院获得硕士学位之后，抱着为同胞扫除文盲的志向回国，先后在长沙、烟台、嘉兴进行普及教育的试验，成效斐然，晏阳初及其识字运动也因此声名鹊起，引起了陶行知的极大关注。此前中华教育改进社董事、前任国务总理熊希龄（秉三）的夫人朱其慧对普及教育也一直很热心，几年来极力推广小学教育，苦寻良径而不得，当她听陶行知介绍了晏阳初的方法和成果后，大感兴趣，于是与陶行知一同到嘉兴参观考察，颇受鼓舞。朱其慧因此决心以全部精力来倡导全国平民教育。他们当即邀请晏阳初同往上海，并邀集黄炎培、胡适、江苏省教育会会长袁希涛、沈信卿等人开会商议，决定成立中华平民教育促进会筹备会，即刻开始起草宣言与计划、编写教材、同时举办试验班。

胡适对此抱何意见，他未记。这是胡适日记的最大毛病——多记行程、交游，少记思想。对如此普及教育，他后来曾流露过不屑，而此时在会上他的态度多半是不置可否。

1923年夏秋，胡适到杭州养病，与他私爱的表妹曹珮声优游于西湖山水间。中秋之日，陶行知冒雨来见胡适，当晚就住在山上。下了一天的雨到晚上居然停了，只不过山里的云仍然很多，月亮害羞似地露了一会儿清洁的脸就躲到云彩里再也不出来了。次日他们又一同乘船游花坞。

1923年9月26日

……两岸“竹叶青”（俗名靛青花）盛开，风致佳绝：我竟不曾想到如此小花有如此动人的风致。

船到开化凉亭附近停下，我们上岸，步行到定慧庵同吃带来的午餐。饭后，我和梦旦，知行走进花坞，直到白云堆。路的两旁全是大竹林，何止几万株竹！风过处，萧萧作声，雄壮不如松涛，而透逸过之。……

船到留下，娟的身体不好，不能坐船了，我和她同梦旦、知行四个人包了一个汽车回到湖上。知行住沧州旅馆，我们在他那里小坐，便同至味莼园吃饭，饭时下雨。我们三人雇轿子回山。

胡适与曹珮声身体均不好，不可能不影响游兴。陶行知一则为平民教育踌躇满志而精神爽，二则身体强健而劲足，故而游兴盎然。多竹的皖南出身的他，也不禁感叹花坞那几十万根竹子的大竹林“见所未见”，他在家信中称“我那时身外的清景和身内的清心两两相照，兴致十倍”。次日他又与胡适等人应徐志摩之约，赴斜桥观潮，与同样应约从上海来的汪精卫、马君武、任叔永、陈衡哲、朱经农等人“在船上大谈”（见胡适10月8日日记）。

陶行知此番与胡适同游，自不免时而谈及平民教育。有回陶行知问胡适：“你家里可办平民教育吗？”胡适说能。陶行知又问：“谁教咧？”胡适说：“我的车夫可以教。”陶行知顿受启发，一个教一个、被教的在学的同时又可以教下一个的“连环教学法”在他头脑中明晰起来。没隔几天，陶行知就给胡适夫人江冬秀寄了6本《平民千字课》，同时写了一封长信，详细介绍“连环教学法”，希望胡府的车夫吴二做教员，教别的佣人识字，连胡适的儿子"祖儿或者也可以教几课咧"。

陶行知后来提出的"平民读书处"的名称，陶行知在西湖也曾与胡适讨论过。胡适说，平教刚开始的时候，在北京曾有一个名词，叫做"辅导生考试自学法"。陶行知一听摇头，说这名词太笨，没有接受。

同被通缉却形同陌路

陶行知与胡适关系的疏远究竟起自何时，不见确切记载，尚需考证。目前只见到在对待英国处分庚子赔款问题上，陶行知与胡适的意见很不一致。胡适写《拜金主义》，陶行知于1927年9月给胡适写了一封信，对胡文中诸多观点提出批评，并希望与胡适讨论，但胡适没有回信。胡适日记这样记道：

> 1928年5月22日
>
> 七点到上海，回家吃了早饭，便去东吴上课；下课后即到吴淞。
>
> 吴淞回来后，电车上遇着王伯秋。多年不见他了。他问起知行，并说："陶知行不是反对党化教育的吗？现在他似乎早已迎头赶上去了！"这句话说着无数熟人，使我生不少感慨。有许多人确是"迎头赶上去"，难免招人轻视。知行似乎也感觉得一点，故在会场中我只见他发过一次言。

胡适所说的"会场"，是指5月18日开幕的由国民政府大学院（国民政府仿效法国教育体制，于1927年以大学院替代教育部而为教育行政机关。同时取消各省教育厅，将全国分为若干大学区，每区设立大学，以大学校长兼管所在区的教育，隶属大学院）在南京召开的全国教育会议。陶行知以安徽省区代表会员身份参加会议，并担任提案预备委员会初等及中等学校教学组委员、普通教育组审查委员会委员。在会上，陶行知提交了多个提案。不知王伯秋所谓“迎头赶上去”所指为何。

1930年，陶行知3年前在南京郊区创办的晓庄师范学校被政府强令解散，他本人也被通缉。缘由一是陶行知与当时反蒋的冯玉祥关系密切；二是晓庄学生“不安分”：在工潮及学潮中表现活跃，引起特务注意；晓庄各中心小学学生要到栖霞山春游旅行修学、采集标本，需乘火车前往，有些学生无钱买票，有人提出小学生乘火车不应该买票，届时200名师生便不买票而强行登车，并在车上散发传单。事情惊动了铁道部部长孙科，他给陶行知写了一封信，内道：“今有自沪来客谈及某校一队学生，在和平门不买票乘火车；并在车上用贵校名义散发传单，十分唐突。今附传单一纸，烦吾兄查察，如属贵校部分学生所为，希加管束，不应再发生此种荒谬行动。如非贵校学生所为，定将按章依法追究，希协助为荷。”

孙科是陶行知伊利诺及哥伦比亚大学的同学，信中措辞还比较婉转，他故意不说死是晓庄的学生，而只说是有学生以晓庄学校的名义，这就给陶行知留下了推托的余地；并且列出两种处理方法：晓庄学生即由校长管束，非晓庄学生就要按章依法追究，以此表明他念及同学之谊有所照顾。

陶行知接信当日即给孙科回了一封信，坦承事情是本校学生所为，并也承认事先未陈请批准“实在不妥”。陶行知的“认错”到此为止，事实上他这也不过是出于礼貌，而并非真的自觉有错，因为他深知倘若事先陈请，必不会获得批准。何况他将小学生免费旅行，视为实现孙中山民权主义的具体措施。所以他将孙科随信寄来的《宣言》又附在回信中寄上，并“请钧部拟定《小学生免费旅行条例》，通告全国小学试行”。如此态度，自然得罪当局。

此时的胡适，处境也正不妙。1928年暮春，他架不住朱经农等一班旧同学的极力劝说，在饭桌上一时高兴，首肯接掌吴淞中国公学，虽然酒醒随即后悔，但已迟了。胡适在中公，不仅抵制党化教育，还与罗隆基、梁实秋等人以《新月》杂志为旗帜，发起了一场人权运动。

1929 年 5 月，胡适发表《人权与约法》，批评当时中国社会严重缺乏人权的现象：无论什么人，只要被贴上“反动分子”“土豪劣绅”“反革命”“共党嫌疑”等招牌，他人就可以任意侮辱其身体，剥夺其自由，宰制其财产；无论什么书报，只要被贴上“反动刊物”的字样，就可以被禁止。他要求制定宪法或训政时期约法，用以“规定政府的权限”和“人民的‘身体、自由及财产’的保障”。显然胡适所呼吁的果若得以实现，那么其后陶行知也就不会被指为“反动”而有此一劫了。但当时的情景是胡适的言论招来了国民党一场颇具声势的“围剿”，党部的极端分子甚至向当局强烈要求将胡适逮捕法办。一直辞不掉中公校长之职的胡适，此时便坚决辞职，而终获校董事会批准。

在他辞职三星期后，官僚的国民党政府还不知情，国民党中央执行委员会遂责成教育部派员彻查“中国公学办理情形”，十天后国民党中央宣传部又密令上海市党部没收焚毁《新月》杂志。胡适怒不可遏之下，显出书生本色来——竟要上法院去告对方！还真去找了律师。可是律师告诉他，没有法庭会受理此案，胡适仍决意起诉。可是刚过三天，胡适认识的国民党二届中央委员、改组派中央委员王乐平就在上海被暗杀，场面极其血腥。虽然王之死未必是当局主观对胡适的警告，但胡适显然很受震动，因为他自此再也不提上法院的事了，但他心里的愤懑并不会随风飘散。

这是晓庄被查封、陶行知被通缉一个多月前的事。虽然胡、陶两人遭遇相仿，但两人早已形同陌路。胡适对陶行知及晓庄不置一词，只将卫戍司令部解散晓庄师范的布告、对陶行知的通缉令、报纸对事件的评介连同晓庄师生乘火车不打票的油印宣言，一并粘贴在他的日记本里。

那两年，陶行知在南京办晓庄，胡适在上海掌中公，两人不时跑到对方的城市去，但彼此几乎不相往来，就像各自乘坐的两列对开的火车，永远失之交臂；又像一列火车下的一双铁轨，永远不会有交点。那次胡适去南京参加全国教育会议一个月后的一天夜里，他给蔡元培写信，中有“暑夜独坐，静念十年来朋友聚散离合之迹，悲哀之怀不能自已”之语，陶行知大概也在其中吧。

为逃避当局迫害，9月底，胡适为自己找了个借口，以北平协和医院通知他去开会为由，登船逃也似地离开了上海。几天后，在上海躲避缉捕的陶行知也悄然登船，往岛国去。当初他俩出于相同的原因，同生在一地，同生在一时。而今他俩又出于同样的原因，同一处上船，同一时上船，直如历史重演，却一个径直向北，一个先北而东，目的地相距千百里。

“新诗”驳“新诗”

胡适日记里有这样一段内容：

1932年12月5日

早九时，在中山堂参加全省纪念周，何芸樵主席，我演说《中国政治的出路》，我的大意说：

Ⅰ.……

Ⅱ.不可不认清敌人（要打倒什么？）：五鬼：“贫、病、愚、贪、乱”。

Ⅲ.这五鬼古已有之，不自今日始：不是帝国主义带来的，也不是胡适、陈独秀提倡出来的。

“五鬼”之说，胡适两年前在《新月》杂志上发表的《我们走那条路》一文中就提出来了。那年陶行知黯然赴日之时，正当不惑之年，而且正当出生之月，联想到胡适，于是作了一首诗，题目就叫《贺胡适先生四十岁》，诗曰：

明于考古，昧于知今。
捉着五个小鬼，放走了一个大妖精。

流落他乡客，围炉谈适之。
各凭不烂舌，吹毛而求疵。
彼今四十岁，我当进寿辞。
不遑论功罪，献此逆耳诗。

“大妖精”则是指帝国主义。陶行知的观点代表了通常的观点，即帝国主义是我们的主要敌人，因为诸如贫病愚乱等多是它造成的。当时未见胡适的反驳，两年后在中山堂的演讲，可视作是对陶行知迟来的回答。

1935年初，胡适有南方之行。第一站是到香港，接受香港大学授予的法学名誉博士学位，随后在华侨教育会对三四百名中小学教员发表演讲。大概因为这是他一生所得的35个名誉学位的第一个的缘故，人不免高兴，一高兴嘴就不紧，如同酒后容易失言：

1935年1月6日

……华侨教育会的讲演是很简短的，但后来惹起广州的小风波的，即是这篇讲演。

故将《大光报》所记附后。

1935 年 1 月胡适接受香港大学名誉博士学位后与校方负责人合影

胡适所剪《大光报》的题目是《胡适昨日在侨教会演讲：香港是一个办学的好地方——读过了书便不屑帮爸爸种田，望教育界推进义务教育，用和平手段推倒旧势力》，内容为："中国办新教育已经三十年了，却没有一个地方能够做到普及的、义务的、强迫的教育"；"香港是一个办学的好地方，是东亚唯一能够办普及的、义务的、强迫的教育的地方"；"广东是革命的策源地，但文化上是很落后的"，其原因是"广东自古是中国的殖民地，中原的文化许多都变了，而在广东尚留着"；各位"应该把香港做成南方的文化中心"。

此言似有抬港贬粤之嫌，故而随即在广东引起一场小风波。首先发难的是广东中山大学校长邹鲁。1月9日胡适乘"泰山"号轮船离港至广东，按计划将在中山大学发表演讲。可是当日邹鲁贴出布告，说胡适的言论"在中国国家立场言之，胡适为认人作父；在广东人民地位言之，胡适竟以吾粤为生番蛮族。实失学者态度，应即停止其在本校演讲"。

胡适日记1月25日下又粘有题为《中大拒胡适文学院教授团昨发宣言古直钟应梅领衔》的剪报，略谓："胡适出言，侮辱宗国，侮辱广东三千万人，中山大学布告驱之，定其罪名为认人作父……"

胡适对人道："原来各报记载西南政务会议讨论我的罪过，明明是反对广东的读经政策。现在这一桩罪名不成立，罪名又变成了'认人作父'和'以粤为生番蛮族'两项了！"

时为中山大学教授的北大毕业生朱谦之问胡适到底有无说过广东自古是中国殖民地等话，胡适摇头说："可能出于演讲记录的错误，也有些完全是断章取义的歪曲。"

1936年春，陶行知也有两广之行，随又经香港出国。他听到的胡适演讲的版本除了上述内容外，还有胡适说香港办普及教育条件好是因为香港这地方有钱，治安也好，接近外人，可借鉴的地方很多等等。作为一个长期在内地以穷办法积极从事普及教育的工作者来说，自然很觉刺耳，于是写了一篇《胡适的普及教育理论》，发表在《生活教育》上，对胡适的这番言论加以批驳：

“照着胡先生所指示的路线，要想办普及教育，一要有钱，二要治安好，三要接近外人。具有这三种资格的，在东亚大陆上只有香港，故只有香港才配领导办普及教育。好！先把中国一起变成香港，再痛痛快快的来干它一个普及教育运动吧。到那时，不消说得，文学革命的巨子是一变而为英国远东殖民地普及教育之导师了。如果是香港的记者听不懂胡先生的徽州官话因而把他的话语记错了，那末，我愿意跟着那位记者更正这段闲谈。”

广东人既不愿听胡适“放厥词”，胡适就把时间用来游览名胜古迹。而后往广西去。在由桂林飞往梧州（因天气不佳改飞柳州）的飞机上，作了一首小诗，题为《飞行小赞》，记在他 1 月 24 日的日记里：

看尽柳州山，看遍桂林山水，
天上何须半日，地上五千里。

古人辛苦学神仙，妄想出三界。
看我凡胎俗骨，也飞行无碍。

次日他在由柳州飞广州的飞机上对小诗作了一些修改，仍记在日记里：

看尽柳州山，看遍桂林山水，
天上不须半日，地上五千里。

古人辛苦学神仙，要守百千戒。
看我不修不炼，也凌云无碍。

后来上海复旦大学中文系教授陈子展在上海的《立报》上谈新诗，援此诗作例，并说这“胡体诗”是新诗人可走的一条路。陶行知大不以为然，说，“胡体诗”的把戏早被辛弃疾一流的诗人玩过了；新诗之所以走上绝路，是因为诗的内容与形式（技巧）总是高低不称，《飞行小赞》犯的则是内容空虚的毛病，是“害了贫血症的文艺”，“它是一幅天空行乐图，也可以说是一幅现代仙人逍遥图。它只是一位有闲华人自摄的安享小照。我们的诗人的想象力没有跳出他所整理的国故和所乘坐的飞机。你看在那半日的时间和五千里的空间里，他只看见了他自己一个人……”陶行知在这里表达了他对新诗出路的见解，并且照着自己对新诗的认识，和了一首诗，其曰：

流尽工农汗，还流泪不息。
天上不须半日，地上千万滴！

辛辛苦苦造飞机，无法上天嬉。
让你看山看水，这事倒希奇。

当时未见胡适对陶行知和的诗有何反应，多半是未见着。事过20多年后，1962年2月，台湾《民族晚报》在题为《老乡诗战》的文章里，旧事重提，说当时上海某报曾以“两个安徽佬”为题报道。胡适读了《民族晚报》，笑着对胡颂平说：“你看了陶知行的诗，可见他这个人一点幽默感也没有。”

为梅兰芳送行遭非议

依常理思维，以“反封建”为己任的新文化运动，与为新文化运动视作“旧剧”而力图全盘否定的中国戏曲是格格不入的，甚至是水火不容的。同理，作为新文化运动的先驱，胡适似乎也应当与京剧的代言人梅兰芳不可并行，甚至老死不相往来。诚如鲁迅，他一度就因被外人将他与梅兰芳并为一谈而愤懑异常。

然而，从胡适的日记中，我们却发现，事实完全相反。尽管在对待传统戏曲“旧”的问题上，胡适与其他新文化运动的斗士们并无二致，都主张戏曲必须改革，但与陈独秀、钱玄同、刘半农等人不容置疑的激烈相比，胡适的态度却是和风细雨的。同时，与当时社会上普遍视戏曲演员为“戏子”而倍加歧视不同，胡适与梅兰芳却交谊深厚。

旧剧：改良还是废除？

纵观胡适日记，“梅兰芳”的名字最早出现在 1928 年。

1928年12月16日

梅兰芳来谈，三年不见他，稍见老了。

由此可知，在三年前的1925年，胡适与梅兰芳就曾见过面。当时，梅兰芳的名声如日中天。不仅在国人眼中，他是旦行翘楚、伶界大王，也因为他曾于1919年和1924年两度访日而将声名远播至海外，在外国人眼中，他是中国艺术的化身。20年代中期，梅兰芳位于无量大人胡同的“梅宅”几乎成了外交场所。他接待过意大利、美国、西班牙、瑞典大使及夫人，他还与瑞典王储夫妇“赠石订交”。据不完全统计，他在那些年里接待过国内外包括文艺界、政界、实业界、教育界等各界人士多达六七千。胡适是其中之一，也就成为可能。更有人大胆揣测，教育家、胡适的老师杜威博士在华讲学期间，正是由胡适陪同赴梅宅拜访梅兰芳的。

我们不能就此推断，胡适与梅兰芳的第一次见面就是在3年前的1925年，因为胡适日记中没有明确记载。然而正因如此，有人根据梅兰芳的挚友齐如山于胡适去世后所撰《挽胡适之先生》中的一段话“我与适之先生，相交五十多年。在民国初年，他常到舍下，且偶与梅兰芳同吃便饭，畅谈一切”，认为胡、梅二人最早相识于民国初年。

事实上，胡适20岁时，即1910年夏赴美留学，直到1917年6月归国。由此，胡、梅二人也就不大可能如齐如山所言在“民国初年”就相识相见。如果说，胡适自回国初始即与梅兰芳开始交往，那胡、梅二人最早见面，也当在1917年6月之后。

在新文化运动的先驱者中，陈独秀是最早提出旧剧是需要改良的。他早在1909年便发表了《论戏曲》，指出“要说戏曲有些不好的地方，应当改良，我是大以为然”。也就是说，这时的陈独秀，对于所谓“旧剧”的态度，是改良而非全盘否定。但是，在新文化运动如火如荼之际，他的态度大为转变，大有将旧剧统统棒杀之势。

与此相对，胡适对旧剧的态度却是温和的。他在他的《文学进化观念与戏剧改良》（发表在1918年的《新青年》第五卷第四号上）一文中说：“一种文学的进化，每经过一个时代往往带着前一个时代留下的许多无用的纪念品；这种纪念品在早先的幼稚时代本是很有用的，后来渐渐的可以用不着他们了，但是因为人类守旧的惰性，故仍旧保存这些过去的纪念品。在社会学上，这种纪念品叫作‘遗形物’。如男子的乳房，形式虽存在，作用已失；本可废去，总没废去，故叫作‘遗形物’……在中国戏剧进化史上，乐曲部分本可以渐渐废去，但他仍旧存留，遂成一种‘遗形物’，早就可以不用了，但相沿下来至今不改。西洋的戏剧在古代也曾经有过许多幼稚的阶段，如和歌、面具、过门、背躬，武场。但这种‘遗形物’，在西洋久已成了历史上的古迹，渐渐地都淘汰完了。这些东西淘汰干净，方才有纯粹戏剧问世。中国人的守旧性最大，保存的‘遗形物’最多。”

显而易见，胡适对旧剧的态度是废去“遗形物”，也即对旧剧进行改良，而非废除旧剧本身。

那么，这个时期的梅兰芳，又在做些什么呢？

梅兰芳是个善于接受新鲜事物的人，这从他在辛亥革命后率先剪掉“脑后这根讨厌的东西”就可见一斑。同样成长于正在逐渐进化和开明的社会中，却只有梅兰芳脱颖而出，很大程度上要归于他对新鲜事物的敏感和追求。早在1905年他只有11岁时，就对刚刚兴起的反映真人真事的时装新戏颇感兴趣。尽管他当时对“新”戏好奇大于感悟，但改良京剧的种子已经悄然扎根于心底。

1913年，梅兰芳应邀去上海演出。这是他第一次走出京城，而正是这次演出，成为他演艺生涯的转折点。他不仅将声名从皇城根传播到了上海滩，更因为深受上海京剧改良运动的刺激，而从此致力于京剧改良，开始了他创新改革的艺术人生。

在上海演出期间，梅兰芳发现上海不仅仅是舞台包括灯光、布景、舞美等都比北京现代化得多，上海更有大量传统京戏以外的“新戏”，既有纯对白的话剧，更有改良了的京剧。这些改良了的京剧突破了传统表现模式，吸收了话剧写实的布景与灯光，服装和造型方面也多根据生活的真实。梅兰芳感悟到时代的发展伴随着人们思想的进步，传统京剧舞台上的老旧故事已经不能满足人们的需要，而社会变革引发的混乱，让许多人愤懑且迷惘，他们更愿意通过演员的表演以宣泄自己的情绪。因而，这些新戏颇受欢迎。

有传统京剧的基本功作基础，又有日渐远播的名声，更有社会环境的烘托，梅兰芳意识到改良京剧的种子已经在心底发芽。从上海返回北京后，他立即着手开始他舞台生涯中很重要的一个阶段——排演新戏。从 1913 年至 1918 年，他连续排演了 14 部新戏，既有老戏服装的新戏，也有古装新戏，更有时装新戏。正当新文化运动斗士们激辩是消灭旧剧，还是改良旧剧时，梅兰芳的舞台形象已经悄然发生了变化，并为大众所追捧。

暂且不论胡适回国后是否立即就与梅兰芳见过面，主张戏剧改良的胡适一定欣喜地看到了梅兰芳已经将戏剧改良付诸了实践。当胡适的高足傅斯年撰文《戏剧改良各面观》和《再论戏剧改良》，对梅兰芳新剧大加肯定之后，胡适在《文学进化观念与戏剧改良》一文中说“傅斯年君……把我想要说的话都说了，而且说得非常痛快”。

对传统戏剧的共同态度，或许便是胡、梅二人交谊的思想基础。

“华美协进社”邀梅访美

我们今天反观梅兰芳的成功，究其原因除了个人的天资与努力之外，注重与知识分子的结交是梅兰芳能够由演员成长为艺术家，从而使“梅派”艺术饱含浓厚的文化底蕴的重要因素。梅兰芳成名后渴望突破渴望创新，但他心里一直有个疙瘩，那就是梨园界沿袭下来的惯例、陋习紧箍着如他一样向往创新的演员的手脚，他渴望改变，却又发觉在文化上他是欠缺的。也正是因为惯例和陋习，他和其他梨园界的孩子一样自小学戏，而学戏的方式便是逐字逐句一板一眼地跟随着师傅，师傅唱一句，跟着唱一句，至于唱词的内容以及背后所蕴含着的文化，师傅不懂自然也就不会教。这样的教学模式一代代传下来，梨园艺人文化底蕴不足便就不奇怪了。

梅兰芳很早就意识到了这个问题，他一直有心创新，也有悟性和灵性，却深感文化不足而造成的力不从心。与其他艺人傍靠“大官”或“商人”为捧自己不同，梅兰芳更多的是结识有文化的知识分子。在 18 岁左右，他结识一批文化人士，除了齐如山，还有京师译学馆的学生如张庾楼、张孟嘉、沈耕梅、陶益生、言简斋，以及从日本留学回来的如冯幼伟、吴震修、李释戡、黄秋岳，都由他的观众转而成为他的朋友。

人们都知道梅兰芳在北京的书斋名为“缀玉轩”，抗战时移居上海，上海的书斋名为“梅花诗屋”。其实“缀玉轩”一开始并不是书斋名，而是早年由他的支持者所组成的一个团体的名字，这个组织俗称“智囊团”，只是因为当时没有“智囊团”这个说法，外人也称其为“梅党”。除了以上如齐如山等人是梅党成员外，后来又有诗人罗瘿公、画家王梦白、陈师曾、齐白石、姚茫父等加入，使缀玉轩充盈着浓厚的文化艺术气氛，也使梅兰芳不再像他的父辈那样局限于狭小的戏曲小天地里。他们不仅为梅兰芳在演剧方面出谋划策，梅兰芳更从他们身上吸取文化素养。

也正因为如此，对于先后在美国康乃尔大学和哥伦比亚大学学习，并涉猎农科、哲学、文学和政法，又熟通中外戏剧的胡适，梅兰芳自然也是渴望相交的。

由于历史的原因，被称为“戏子”的戏曲演员的社会地位是极为低下的，甚至不如娼妓。尽管辛亥革命后，社会逐渐进步与开明，但与戏子交往仍会招致非议。就如齐如山，纵然他很想在艺术上扶助梅兰芳，但碍于环境和可能的流言，不得不有所顾忌而终不敢登梅门，只靠通信维系两人的友情长达两年之久。

在这样的情势之下，胡适却坦然与梅兰芳交往，这固然有坦荡荡之君子风范，也与他热衷交友的名士性格有关。

我们不知道胡、梅的第一次见面是在何种情形之下，是其中的一人主动上门拜访，还是有中间人牵线？我们也不知道在1925年之前，他们见过几次面？但我们可以肯定的是，他们的谈话内容一定与戏剧有关。

在1925年他俩见过面之后，胡适到英国伦敦参加了“中英庚款顾问委员会议”，之后回到上海，受聘中国公学校长，再返回北京时，时间已是1928年。这也是胡适所说“三年不见”的原因。但是，“不

1926年，胡适参加中英庚款咨询委员会议期间，与部分委员的合影

见”并不意味着彼此毫无联系。

1926年，由胡适、张伯苓、梅贻琦、杜威等几位中美学者共同发起的“华美协进社”在美成立。这是一个以促进中美文化交流为主旨的非牟利性团体，成立后的首件大事，就是邀请梅兰芳访美。

那个时期的美国人，如果说对中国人的态度还算友善的话，那也绝不是出于尊敬，对中国人嗤之以鼻的美国人大有人在。他们不认为中国有文化，他们认为如果中国有文化的话，何以会如此遭人掠夺而沦为世界弱国？中国人又何以会陷入如此悲惨的困境？在他们的印象里，中国人只会做杂碎和杂碎面。至于中国戏剧，是他们用来讥讽中国的又一有力武器。有位名叫伦伯的美国人认为中国人完全缺乏艺术美感，原因是所有演员的吐字都是单音节的，没有一个音不是从肺部挣扎吐出的，听起来就像是遭到惨杀时所发出的痛苦尖叫，更有人说那唱腔高到刺耳以至无法忍受，尖锐的声音如同一只坏了喉咙的猫的叫声。

“华美协进社”邀梅赴美的目的，就是希望能够通过演出一台既有艺术魅力，又有教育意义的中国戏剧，改变许多美国人对中国文化根深蒂固的传统偏见。

相比去日本，梅兰芳对去美国演出顾虑更大。日本无论如何与中国同属亚洲，肤色相近，文化背景相仿，中国戏剧与日本歌舞伎又有很多相似之处。然而中国对于美国人来说，则完全是陌生的。为慎重起见，梅兰芳遍访在华美国人和曾留学美国的中国学者以做可行性研究，频频与熟知美国文化的知识分子接触，一方面了解美国文化以做到知己知彼，一方面也在寻求他们的帮助，其中出力最大的自然是胡适。

送梅登船

胡适对梅兰芳的帮助不仅仅限于传达美国的风土人情、美国民众的欣赏习惯、美国剧院的格局布景，更重要的是在戏剧本身。因此，梅兰芳对于演出筹备工作，包括剧目的选择、说明书的撰写等等，都非常仰仗胡适。这从曾任胡适秘书和助手的胡颂平以日记形式编撰的《胡适之先生晚年谈话录》中可见一斑。书中记载："晚饭时，先生谈起齐如山送来的一本《戏考》，里面有好几出戏。只有《四进士》可以一看；其余《二进宫》等，连文字都不通，情节又没有意义。《四进士》可以把它复印下来。"胡颂平问："齐如山先生怎么不把它修正一下？"先生说："齐如山是捧梅兰芳的人，他不是研究戏剧。"后来又谈起"当年梅兰芳要到美国表演之前，他每晚很卖气力地唱两出戏，招待我们几个人去听，给他选戏。那时一连看了好多夜。梅兰芳卸装之后，很谦虚，也很可爱"。

1950 年代末，胡适与秘书胡颂平

梅兰芳赴美演出的筹备工作一直持续到 1929 年深秋，可谓尽善尽美。为便于让美国人理解剧情，梅兰芳曾两次写信给胡适，请求他用英文笔译《太真外传》的说明书。在第一封信中，他这样写道：“适之先生左右，前日晤聆大教钦感无量，澜新排之《太真外传》不久即将出演，剧中情节拟用英日文字分别加紧译出，俾外人易于了解。兹奉上简单说明，拜求先生设法饬译，早日赐下，以便付刊。”

或许胡适太忙碌，一时耽搁了。不久，他又收到了梅兰芳的第二封信：“适之先生赐鉴，前奉一出恳译《太真外传》场面度蒙重察。现在此戏已定于廿九日起演唱，此项说明书印刷一切约需四日，为时已迫，不得已敬求设法将译稿即赐掷下，但得剧名译定以后即易于着手不敢琐渎也。”

两封信之后，胡适是否如约将《太真外传》翻译成了英文。在胡适日记中没有显现。梅兰芳在后来所撰写的《舞台生活四十年》中也未提及。

1929 年冬，梅兰芳自上海登船赴美。那天，到码头送行的，除了上海各界名流外，更有胡适。然而，不知什么原因，胡适在那天的日记里，对此却并未有所记载。直到 1930 年 2 月的一天，他的日记里出现了关于送行梅兰芳一事，却也不是他亲笔所追记，而是他将一封登在《中国晚报》上的“致胡适之一封信”作为剪报粘贴在当天的日记中。这封署名“自在”的公开信不过六百言，主题是就胡适去为梅兰芳送行感到无限痛惜。

1930 年 2 月 12 日（剪报）

……不过我在最近闻着你的一件行动，就把我十多年来钦敬崇拜的心理，降到零点以下，好像这宗事不是你胡适之所应该做的事了。什么事呢？就是善于男扮女性来唱戏的梅兰芳出洋，你竟亲自送行，这真是出乎我意料之外了。梅兰芳的艺术怎样，我是素来不屑看那些男性扮女性做戏的……我真估不到新文化运动的领导者如先生，竟无聊至此，亲送男扮妇装的戏子出洋！……实在替你十分的可惜，并且替中国的学者可怜。难道是你现在真要开倒车不成？适之先生，愿你不要这样腐化罢。亡羊补牢未为晚。望你勇于觉悟，恢复你原有的精神。

纵观胡适日记，经常有将剪报粘贴在当天日记中的情形出现。对于剪报中所说，胡适又往往不加任何评论，甚至连轻描淡写的议论两句都似乎懒得去做。他如此行为，只是作为档案保存，还是不屑置评，又或者是引以为戒？我们不得而知。但至少可以肯定的是，粘贴的剪报内容对于他而言，多少是能够激起他心底涟漪的，否则他大可置之不理。因而，当他看到以上那份剪报，当他将这份剪报小心粘贴在他当天的日记中时，他会有何反应？愤怒、惭愧、一笑了之？

其实就胡适当时的名流地位，他不可能是第一次听到这样的非议，何况他对当时歧视戏子的社会环境也并非一无所知。曾经有激进人士将旧剧斥为野蛮戏剧，将梅兰芳的扮相斥为“不像人的人”，将梅兰芳在舞台上说的话，斥为“不像话的话”。就连鲁迅，也曾形容梅兰芳的歌声“像粗糙而钝的针尖一般，刺得我耳膜很不舒服”（见《厦门通信〈一〉》）。然而，胡适却于1928年在一次关于“社会职业”的演讲中，明确说“社会上无论何种职业，不但三十六行，就是三万六千行，也都是社会所需要的”。因此他强调“梅兰芳是需要的！小叫天（即谭鑫培）是需要的！电影明星黎明晖也是需要的！”

“梅博士拜谢胡博士”

也许是因为胡适曾经专修哲学，崇尚“存在即合理”；又也许他

1930 年 7 月，梅兰芳自美返沪，各界人士在大华饭店举办茶会欢迎他归国。其中有中国驻苏联大使颜惠庆（前左三），胡适（后左一）

在美国生活良久而深受西方文明的洗礼，对人对事极具包容。所以，他并没有因遭非议而中断与梅兰芳的交往。当梅兰芳归国时，胡适仍然亲赴码头迎接。

对于胡适的理解、关怀与尊重，梅兰芳自然心存感激。他在赴美途经日本（1930 年 1 月 20 日）时，曾致信胡适，表达谢意："适之先生，在上海，许多事情蒙您指教，心上非常感激！濒行，又劳您亲自到船上来送，更加使我惭感俱深！海上很平稳，今天午后三时，安抵神户了，当即换乘火车赴东京，大约二十三，由横滨上船直放美洲了。晓得您一定关怀，所以略此奉闻，并谢谢您的厚意！"当他结束在美国长达半年之久的演出并满载着巨大声誉返回上海后，立即就往胡宅拜访。

这个时期的胡适正逢坎坷。他因连续在《新月》杂志上发表了《人权与约法》等批评政府、提倡言论自由和独立人权的文章而遭声讨，更接到了国民党教育部发出的"训令"。同时，《新月》杂志遭查封，罗隆基被逮捕。在这种情况下，胡适不得不辞去中国公学校长一职，闭门谢客蜗居在上海的居所。

1930 年 7 月 25 日，梅兰芳登门拜访时，胡适的学生罗尔纲正在胡家给胡公子思杜做家庭教师，他在《师门五年记·胡适琐记》一书中特别撰文“梅博士拜谢胡博士”，详细描绘了当时的情景：

“7 月的一天，下午 2 时后，突然听到一阵楼梯急跑声，我正在惊疑间，胡思杜跑入我房间来叫：‘先生，快下楼，梅兰芳来了！’他把我拉了下楼，胡思猷、程法正、胡祖望、厨子、女佣都早已挤在客厅后房窥望。思杜立即要厨子把他高高托起来张望。我也站在人堆里去望。只见梅兰芳毕恭毕敬，胡适笑容满面，宾主正在乐融融地交谈着……梅兰芳的到来，给这个亲朋断绝的蜗居家庭带来了一阵欢乐。”

欢乐是当然的。对于胡思杜等家人来说，他们能在自己的家里近距离目睹卸了妆的梅兰芳梅大师真容，自然有些喜出望外。对于梅兰芳而言，他赴美之前，冒着破产的危险带着的是一颗战战兢兢的心，而回来时却收获了无限荣誉，心中自然是喜悦的。而胡适，除了有一样的欣喜之外，还应该有如释重负的欣慰感。梅兰芳的成功，似乎是对他关怀与尊重的回报。对于不久前的非议，也可能因此如烟消散。于是，他是轻松的、愉悦的。

梅兰芳访美的意义是重大的，它不仅纠正了外国人对中国艺术的偏见，更因为梅兰芳先后两次荣获博士荣誉学位而在客观上提升了戏曲演员在社会上的地位。从此，中国梅兰芳的名字印刻在了美国土地上。这在胡适日记中也有反映。

1930 年 8 月 24 日

见着吴经熊，他新从哈佛回来，说，美国只知道中国有三个人，蒋介石、宋子文、胡适之是也。我笑说：“还有一个，梅兰芳。”

其实，梅兰芳之所以一回国就亲自登门拜谢胡适，是因为他知道他的成功不限于梅派艺术本身，之前充分详备且有针对性的筹备以及后期的宣传造势，都是助其成功的不可或缺的重要原因。而在宣传工作方面，胡适也是出了大力的。

首先，因了胡适的关系，梅兰芳初到美国即被胡适的母校哥伦比亚大学教授公会邀请参加了茶话会。随后，他又应邀参加了胡适的恩师杜威举办的晚宴。据说，这种情形在美国教育界社交活动中是很少见的，影响力自然很大。

其次，梅兰芳赴美时，带去了齐如山事先主编的几种宣传品，如《中国剧之组织》《梅兰芳》《梅兰芳歌曲谱》《剧目说明书》以及两百多幅戏剧图案等作为宣传之用。在他们到达美国后，旧金山的一位名叫欧内斯特·K·莫的先生又另外编撰了一本纯英文专集《梅兰芳太平洋沿岸演出》，内收多篇评介京剧和梅兰芳生平及表演的文章，其中最重要的一篇文章就是胡适用英文写的《梅兰芳和中国戏剧》。

他在文中这样介绍梅兰芳："……梅兰芳先生是一位受过中国旧剧最彻底训练的艺术家。在他众多的剧目中，戏剧研究者发现前三四个世纪的中国戏剧史由一种非凡的艺术才能呈现在面前，连那些最严厉的、持非正统观的评论家也对这种艺术才能赞叹不已而心悦诚服。……梅兰芳先生的新剧是个宝库，其中旧剧的许多技艺给保存了下来，许多旧剧题材经过了改编。正是在这个意义上，他的一些新剧会使研究戏剧发展的人士感到兴趣。……梅兰芳先生是个勤奋好学的学生，一向显示要学习的强烈意愿……"

从这个角度上说，梅兰芳的登门拜访，并不只是为了一个谢字，而更多的是继续寻求胡适的帮助。因为梅兰芳心气高远，他从不满足既成的辉煌。他已经将他的艺术带进了东瀛和美洲，他的目光又瞄向了欧洲。于是，我们在这天的胡适日记中，看到了梅兰芳新的计划，以及胡适给予的建议。

1930年7月25日

梅兰芳先生来谈在美洲的情形，并谈到欧洲去的计划。我劝他请张彭春先生顺路往欧洲走一趟，作一个通盘计划，然后决定。

1981年，“华美协进社”原社长孟治博士在纽约出版了一本题为《六十年之追求》的回忆录。他说当年“华美协进社”之所以愿意出面邀请梅兰芳赴美，正是接受了张彭春的建议。在回忆录中，他这样写道：“百老汇从未听说过梅兰芳，梅兰芳也毫不了解百老汇，但披·西·张（P.C.Chang——张彭春）对二者都能如数家珍。……他始终相信美国观众能够接受真正熔歌、舞、剧于一炉的京剧艺术。他向梅（兰芳）和齐（如山）建议由华美协进社主办访美演出。”

除了胡适，张彭春也是一个兼通中西方戏剧文化的学者。胡、张二人是哥伦比亚大学的同学，同受业于杜威博士门下。张彭春自幼爱好京剧，留美期间因为哥伦比亚大学与著名的百老汇剧场相邻而有了很多观看西方戏剧的机会，尽管他先后获得文学硕士和哲学博士学位，但对戏剧也颇有研究。回国兼任南开大学教授后，他便被推选为“南开新剧社”副团长兼导演。这位既熟悉西方戏剧，又深谙中国京剧，还精通话剧；既有文学、哲学做底子，又进行了比较戏剧研究的才子，连胡适都对他的学识及戏剧造诣推崇不已，称他是“今日留学界不可多得之人才”。

多年以来，张彭春在美国开设中国戏剧课，在中国开设西方戏剧课，致力于东西方文化的相互传播，成绩斐然。他相信：东方戏剧和西方戏剧只要相遇，非但不会相互排斥，必然是从相遇、相知至相辅相成。因此，在他看来，梅兰芳作为中国戏剧的领军人物，如果能去美国演出，让崇尚“眼见为实”的美国人亲眼目睹中国的确存在着虽然与莎士比亚、易卜生不同但同样是精美绝伦的戏剧艺术，将会极大地改善中国戏剧在西方的地位。

其实不用胡适推荐，梅兰芳在美演出期间就已经领受了张彭春的指导。张彭春因为熟知美国人的欣赏口味而及时提醒梅兰芳改变美国人难以理解剧情的剧目，又实际承担了总顾问、总导演之责，还兼做梅兰芳的发言人而在各种场合向各界做了大量的宣传工作。所以说，梅兰芳在美国的演出成功，张彭春所起的作用不容忽视。因而，当梅兰芳又有计划访欧演出时，胡适也就很自然地又将张彭春推到了前台。

为梅访欧出谋划策

在筹划访欧期间，从胡适日记中可知，已先后自沪返京的梅、胡二人继续频繁交往。

> 1930年10月13日
>
> 下午见客，顾养吾、陈百年、梅兰芳、冯芝生、王家松。
>
> 1931年1月16日
>
> 刘子楷（崇杰）邀吃饭，有福建来的蚌，确是美味。座上有梅兰芳、姚玉芙、马连良。
>
> 1931年2月12日
>
> 到齐如山家吃茶，会见Dr.Leseing&Dr.Schierliz及梅兰芳。Leseing说“茉莉”出于梵文manika。他问剧本脚色有“末尼”，与“摩尼”有无关系？我们都不能答。

尽管胡适日记中多次提及梅兰芳，也尽管我们可推知他们相聚交谈的主题应与戏剧有关，但胡适在日记中很少详写他们的相谈内容。

胡适与齐如山

唯有一次，不知是那天他的心情特别好，还是那天的交流内容特别有趣。总之，那天的内容很详实。

1931年7月27日

李释戡邀吃饭，有梅兰芳及上沅、佛西诸人。大家谈戏剧，我说，北京可设一国立剧场，用新法管理，每周开演二三次，集各班之名角合演最拿手的好戏，每夜八点半到半夜止。每人有固定的月俸；其余日子不妨各自在别处演戏卖艺，但此剧场例定开演日子他们必须来。其余日子，剧场可借作新剧试演及公演场。

我偶谈及老伶人钱金福七十一岁登台做武戏，在后台便喘嗽，一上台便精神抖擞了。此真是习惯的功效。兰芳说，此次他在广州与金少山合演《别姬》，金串霸王，中暑病倒在地，大家把他推扶出台，门幕一掀，他居然做到完场，没有错误。一下台便倒下了，医生赶来，四个钟头没有脉息。此例更奇。又小翠花口吃的厉害。在后台练习，说白句句拗口。但一上台，口齿清脆，毫不见口吃，这更奇了。

不能不说胡适“在北京设一国立剧场，用新法管理”的提议颇具创造和新颖性，但或许是因为梅兰芳此时的全部心思都集中在访欧的筹备上，而无力于此，胡适的这个建设性主张终未能付诸实践。

然而，就在梅兰芳踌躇满志地准备欧洲之行时，也就是在上次与胡适相聚不久，“九一八”事件爆发，国内局势急转直下。梅兰芳不得已，于1932年离开北京，南下上海，旅欧计划只得搁浅。从此两年之内，胡适日记中未再有梅兰芳的名字。

1934年的最后一天，胡适日记这样记载。

1934年的除夕

七点三刻，火车进上海北站……

冯幼伟来，谈梅畹华出国的事……

到国际大饭店吃饭……今天吃饭的有张仲述、余上沅、畹华、幼伟及新六。

到沈昆山兄家，畹华与幼伟借此处请客。

所谓“梅畹华出国的事”，指的是梅兰芳即将赴苏演出。早在1934年3月，梅兰芳就接到苏方的演出邀请。在大半年的接洽和准备之后，苏方特别成立了文化层次颇高的由戏剧、电影、文学界知名人士及外交界高级官员组成的“招待梅兰芳委员会”。相应地，梅兰芳认为剧团的组成人员也应该挑选几位既精通京剧，又有一定文化素养的高层人才。这时，他自然想到了胡适大力推荐的张彭春。于是，张彭春又一次出任梅剧团的总指导。

除了张彭春，胡适又向梅兰芳推荐了戏剧家余上沅为剧团副指导。余上沅是胡适的学生，20 世纪 20 年代毕业于北京大学英文系，后来赴美研究戏剧。据说他之所以接受梅兰芳的邀请，一是出于对梅兰芳艺术的欣赏，另一个原因便是胡适的极力游说。

当年年底，《独立评论》上刊载了蒋廷黻的一篇文章《苏俄游记》。胡适在“编辑记”里这样写：“（蒋先生）写的是苏俄的娱乐。我们看他记的莫斯科戏剧的新倾向，也可以明白苏俄这回延请梅兰芳先生去演戏不是完全无意义的。”客观上，他又为梅兰芳访苏做了一次宣传。

由此可见，除夕之夜的“畹华请客”，既是即将临行前的告别，也是对胡适一贯的帮助的答谢。

如果说梅兰芳访美演出的成功，仅在于使西方人重新认识了中国戏剧的话，那么梅兰芳访苏演出的成功，不仅仅在于传播，更在于使“梅派”艺术上升为理论体系。从此，梅兰芳戏剧体系与斯坦尼斯拉夫斯基戏剧体系、布莱希特戏剧体系并称为世界三大戏剧表演体系。可以说，梅兰芳访美访苏的巨大成功，与胡适、张彭春、余上沅等文化人在其背后的推动不无关系。

从苏联返国后，梅兰芳定居上海，而胡适仍居北京。每当胡适因公因私抵沪，梅兰芳均登门拜访。1936 年 7 月 14 日，胡适在上海登船赴美出席太平洋国际学会第六届年会。在他当天的日记里，可知梅兰芳曾经特地赶去送行。

1936 年 7 月 14 日

今晨两点上船。送行者梅畹华特别赶来，最可感谢。

胡适的“最可感谢”，是因为当时已时至深夜两点，还是梅兰芳经过访美访苏，声名已非同往昔？更有可能是因为此时的梅兰芳并不在上海，他是特别赶到上海来送行的。梅兰芳自 1932 年之后一直定居上海，直到1936年春夏之交，他首次返回北京住了一段时间。其间，他收徒、演出，忙得不可开交。即便如此，当他得知胡适即将离国后，还是不远千里特别赶去送行。其实不论何种原因，总之，从胡适在日记中特别一记，也确知他是真感谢的。也可知胡、梅两人情深义重。

永远的怀念

“梅兰芳”的名字最后一次出现在胡适日记中，是在抗日战争全面爆发前。

> 1937年5月5日
> 早七点到上海，住国际饭店908。
> 吴经熊来谈，梅畹华来谈，陈宗山来谈。

客观上，两人从此也未再见过面。自“七七”事变后，胡适于1937年9月赴美做抗日宣传和外交联络工作，一年后又任中国驻美大使，一待便是8年8个月零10天，直到1946年7月回国。梅兰芳1938年春在香港演出后，留在了香港，直到“太平洋战争”爆发后香港沦陷，他才返回也是沦陷区的上海，闭门谢客拒绝登台潜心作画艰难度日。

尽管抗日战争胜利后，胡适归国，梅兰芳重登舞台，但解放战争的战火隔绝了身处北平的胡适和身处上海的梅兰芳。

3年之后，中国政局发生大逆转。胡适和梅兰芳都面临着一次人生选择。虽然他俩对戏剧有共同的热爱与追求，却有着完全不同的政治取向。胡适在众人劝说留下的时候，最终选择搭上蒋介石派来的专机，飞向台湾；梅兰芳却在齐如山力劝“走”的情况下，考虑再三还是留了下来。从此，他俩之间横着一条海峡，彼此都无法跨越。

虽然我们在胡适日记中，再也没有看到“梅兰芳”的名字，但这并不意味着胡适从此忘却梅兰芳。相反，“梅兰芳”仍不时出现在胡适的话语中和与友人的书信上。

胡适的好友杨联陞曾经写信给胡适，随信附了他自己写的几首诗，其中有一首名为《花儿本不愿开》。胡适在1949年7月27日给杨联陞的回信中，谈到这首诗时，说：“此诗的意思很好，第二节使我想起一个故事。十多年前在北京家中看见内人种的牵牛花两朵，是梅兰芳送的种子，大如饭碗，浓艳的真可爱。”

近10年后的1959年1月26日，是齐如山85岁寿诞。胡适在题词中这样写道：“我祝他老人家多多保重，康健长年，将来我们一同回到北平，也许还可以找到缀玉轩中我们的老朋友，听听他的苦痛，听听他唱如山老人新编的凯旋曲哩。”

也许此时身处海外的胡适是大概了解大陆政治环境的，所以他说“听听他的苦痛”。梅兰芳是否真的有苦痛？用胡适所提倡的“大胆假设，小心求证”的论证方法推断，梅兰芳或许可能真的有苦痛。那苦痛便是：新中国成立10年来，尽管他的政治地位有了很大提高，但因此没有一部新戏诞生。这对于爱戏如生命的梅兰芳来说，真的是很苦痛的。

1961年8月8日，梅兰芳去世。胡适是从日本电讯中获此噩耗的。于是，往事重又萦绕在他心头。胡颂平的《胡适之先生晚年谈话录》中，这样记：

1961年8月9日

今天报载梅兰芳（67岁）逝世消息。先生说：“我们是根据日本的电讯，日本是从大陆收到的消息。只说梅兰芳在苏俄演戏的历史，不曾提他在美国献艺的经过。”于是在书架上捡出一本英文的《梅兰芳》，上面有他的剧照，还有许

> 多美国名人捧场的姓名，如杜威、孟禄、威尔逊夫人等多人。先生也有一篇文章。最后是梅兰芳在美国演出各戏的说明，如《洛神》、《醉酒》、《别姬》、《御碑亭》等戏；只有《群英会》一出，他是反串周瑜的……

日记中所提的“英文的《梅兰芳》”应该就是欧内斯特·K·莫所编纂的英文专集《梅兰芳太平洋沿岸演出》。“先生也有一篇文章”应该就是《梅兰芳与中国戏剧》。

重读那本书和那篇文章，胡适实际上是在重温那段逝去了的美好岁月以及重拾日渐模糊了的记忆。友谊的对象断了，友谊也就戛然而止。仅仅过了半年，1962 年 2 月 24 日，胡适在台湾去世。

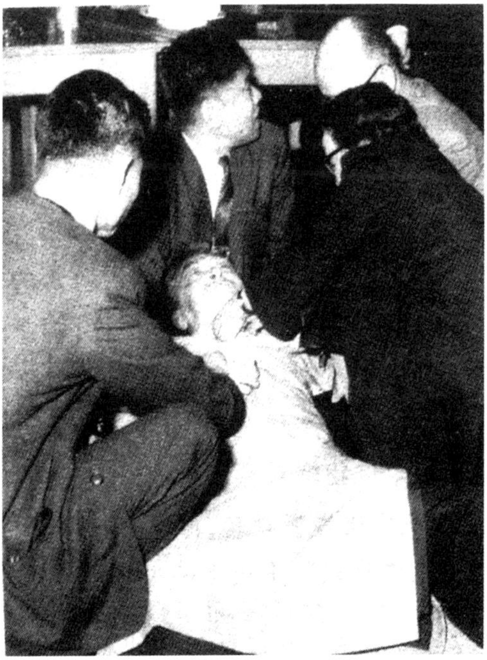

1962 年 2 月，胡适在酒会上突发心脏病时，被抢救的情形

与郭沫若，文人相轻？

大度平息争论

还是1921年的夏天，胡适应商务印书馆高层之邀，由北京来到上海，做了商务3个月的客人。在那期间，他与郭沫若见了几次面，这是他们交往的开始，却并不意味着彼此友谊的开始，他们并不投缘。胡适日记这样记着他们的首次见面：

> 1921年8月9日（星期二）
>
> 周颂九、郑心南约在一枝香吃饭，会见郭沫若君。沫若在日本九州学医，但他颇有文学的兴趣。他的新诗颇有才气，但思想不大清楚，工力也不好。

从短短的几句话中不难感受到胡适的冷淡。3天后他们在编译所又见了一面，胡适在那天的日记中只记“郭沫若来谈”，别无一字叙述或议论。据说高梦旦在 9 月初曾为即将回日本的郭沫若饯行，邀请了胡适等人。查胡适日记，未见记载。见诸胡适日记的，记的倒是胡适 9 月 7 日要离开上海回北京，9 月 5 日“商务诸君为我饯行”。当然不排除郭沫若在座的可能。

周颂九（久）、郑心南是商务印书馆编译所的工作人员，又是郭沫若在日本东京帝国大学的高班同学，他俩请客安排胡适与郭沫若见面，合乎逻辑的猜测是知道胡适正为编译所物色人选而他们有意推荐郭沫若，遗憾的是胡适对郭沫若的印象并不好。想来那天席上是话不投机的。

相较于胡适的冷淡，郭沫若则于 10 年后用了一种嘲讽的口吻描绘他们的相见：“这要算是我们自有生以来的最大光荣的一天，和我国的最大的名士见面，但可惜我这个流氓，竟把那样光荣的日期都忘记了。”

郭沫若之所以这样说话，固然是因为在这 10 年中，他与胡适的关系经历了风雨的缘故，但假如当时他们的会面十分愉快，郭沫若的语气很可能就不会如此了，他还可能就不会在见面整一年时发生的“夕阳楼论争”中有那样激烈的表现了。

从郭沫若当时的心境来看，还有别的刺激。那是郭沫若与书局打交道的屡屡碰壁与胡适被商务印书馆捧若上宾的巨大反差。先是他的译著被商务印书馆拒绝，继而与朋友筹办“创造社”要出版社团刊物又被中华、亚东等较有名气的书局拒绝。就在胡适被商务印书馆编译所所长高梦旦亲从北京迎至上海而唯恐他不肯就任商务要职的同时，郭沫若等人正不得不“接受经济剥削和忍受恶劣工作”，作为一家小书局为他们出版刊物的条件。而胡适到上海后，上海报纸大加宣传，在胡适 1921 年 7 月 20 日的日记里，就粘贴了剪自当日《商报》的一篇《胡老板登台记》：

> 北京大学赫赫有名的哲学教员、新文学的泰斗胡适之，应商务印书馆高所长的特聘来沪主撰，言明每月薪金五千元（比大总统舒服）。高所长亲至北京迎来，所有川资膳宿，悉由该馆担任。今日为到馆第一天。该馆扫径结彩，总理以次，均迎自门首。会客室编辑所均油漆一新。另辟一精室，器具悉为红木，左图右史，明晶却尘。所长部长及各科主任，趋侍恐后。方之省长接任，有过之无不及。所内著名的编辑，均由胡博士一一延见，分班叙谭，宛如下属……其薪金优遇，诚开我国文学家未有之奇局……

这对正处窘境下的郭沫若造成怎样的刺激不难想见，从郭沫若10多年后写此境况的笔调中我们仍可体会他当年的感受："大博士进大书店，在当时的报纸上早就宣传过一时。我听说他的寓所就是我晚间爱去散步的那lovelane的第一号，是商务印书馆特别替他租下的房子。他每天是乘着高头大马车由公馆跑向闸北去办公的。这样煊赫的红人，我们能够和他同席，是怎样的光荣呀！"

从胡适日记来看，他们的下一次见面，已经过了将近两年，并且是在发生了一场争论之后了：

> 1923年5月25日（星期五）
>
> 出门，访郭沫若、郁达夫、成仿吾。结束了一场小小的笔墨官司。

所谓笔墨官司，即"夕阳楼论争"。1922年8月出版的一卷二期《创造季刊》上，发表了郁达夫题为《夕阳楼日记》一文，指称余家菊翻译的《人生之意义与价值》错误甚多，却又含沙射影地骂胡适"同清水粪坑里的蛆虫一样，身体虽然肥胖得很，胸中却一点儿学问也没有……跟了外国的新人物，跑来跑去的跑几次，把他们几个外国人的粗浅的演说，糊糊涂涂地翻译翻译，便算新思想家了。”胡适在《努力周报》上以《骂人》回应，说郁达夫等人“浅薄无聊而不自觉”。时在日本的郭沫若写了《回响之回响》，发表在《创造季刊》一卷三期上，声援郁达夫，反驳胡适。胡适又在《努力周报》上写道：

“《努力》第二十期里我的一条骂人，竟引起一班不通英文的人来和我讨论译书。我没有闲工夫来答辩这种强不知以为知的评论。”

继而郭沫若又在《创造季刊》二卷一期上发表《讨论注译运动及其他》一文，措辞也愈发激烈起来：

“你北京大学的胡大教授哟！你的英文诚然高明、可惜你自己做就了一面照出原形的镜子！……我劝你不要把你的名气来压人，不要把你北大教授的牌子来压人，你须知这种如烟如云没有多大斤两的东西是把人压不倒的！”

在那期间，郭沫若与郁达夫又分别创作了历史剧《卓文君》和故事新编《采石矶》，不约而同地刻薄了一回考据家胡适。

1923年4月，胡适到上海参加“新学制课程起草委员会”会议，其间旧病直肠脓肿复发。对于这场旷日持久的争论，他早生厌意，便就于养病中的5月15日，给郭沫若和郁达夫写了一封长信：

沫若达夫两位先生：

我这回南来，本想早日来看你们两位，不幸在南方二十天，无一日不病，已有十天不曾出门一步了。病中读到《创造》二卷一号，使我不能不写这封信同你们谈谈我久想面谈的话。

……

至于我对你们两位的文学上的成绩，虽然也常有不能完全表同情之点，却只有敬意，而毫无恶感。我是提倡大胆尝试的人，但我自知“提倡有心，而实行无力”的毛病，所以对于你们尝试，只有乐观的欣喜，而无丝毫的恶意与忌刻。

至于我的《骂人》一条短评，如果读者平心读之，应该可以看出我在那一条里只有诤言，而无恶意。我的意思只是要说译书有错算不得大罪，而达夫骂人为粪蛆，则未免罚浮于罪。至于末段所谓“我们初出学堂门的人”，稍平心的读者应明白“我们”是包括我自己在内的，并不单指“你们”，尤其不是摆什么架子。

……

后来你们和几位别人，作了许多文章，很有许多意气的话，但我始终不曾计较。因为有许多是“节外生枝”的话，徒伤感情与日力，没有什么益处，我还是退避为妙。

至于就译书一事的本题而论，我还要劝你们多存研究态度而少用意气。在英文的方面，我费了几十年的苦功，至今只觉其难，不见其易。我很诚恳地希望你们宽恕我那句“不通英文”的话，只当是一个好意的诤友无意中说的太过火了。如果你们不爱听这种笨拙的话，我很愿意借这封信向你们道歉。——但我终希望你们万一能因这两句无礼的信的刺激而多读一点英文；我尤其希望你们要明白我当初批评达夫的话里，丝毫没有忌刻或仇视的恶意。

……

最后，我盼望那一点小小的笔墨官司不至于完全损害我们旧有的或新得的友谊。

从信中可以看出，胡适所做的和解，不是无原则地和解，而以诚恳的态度，既自我批评，也批评对方；此信又表现了胡适的大度，以他当时的地位名声，能首先作此信，实非一般人所能做到。

郭沫若、郁达夫收到此信后，随即于 5 月 17 日各回了一封信，郭沫若信中道：

适之先生：

手札奉到了。所有种种释明和教训两都敬悉。先生所能感人以德，或则服人以理，我辈尚非豚鱼，断不致因小小笔墨官司便损及我们的新旧友谊。日下士气沦亡，公道凋丧，我辈极思有所振作，尚望明晰如先生者大胆尝试，以身作则，则济世之功恐不在提倡文学革命之下。最后我虔诚地默祷你的病恙痊愈。

就在胡适往访郭、郁、成之后，隔了一天，他三人又到法租界杜美路胡适住处回访，胡适赠送给他们一本新出版的《国学季刊》的创刊号，旧日之怨似乎到此画上了一个句号。

其实不然。

终未做成朋友

1923 年 10 月里，胡适与郭沫若往来较多。

1923 年 10 月 11 日（星期四）

饭后与志摩、经农到我旅馆中小谈。又同去民厚里 692 访郭沫若。沫若的生活似甚苦。

当时情景徐志摩日记中恰有记述，相当详细，而且生动，只是郭居门牌不同："与适之、经农步行去民厚里一二一号访沫若，久觅始得其居。沫若自应门，手抱褓褓儿，跣足、敝服（旧学生服），状殊憔悴，然广额宽颐、怡和可识。入门时有客在，中有田汉，亦抱小儿，转顾间已出门引去，仅记其面狭长。沫若居至隘，陈设亦杂，小孩羼杂期间，倾跌须父抚慰，涕泗亦须父揩拭，皆不能说华语；厨下木屐声卓卓可闻，大约即其日妇。坐定寒暄已，仿吾亦下楼，殊不话谈，适之虽勉寻话端以济枯窘，而主客间似有冰结，移时不涣。沫若时含笑睇视，不识何意。经农竟噤不吐一字，实亦无从端启。五时半辞出，适之亦甚讶此会之窘，云上次有达夫时，其居亦稍整洁，谈话亦较融洽。”

徐志摩笔下的情节不仅细致，各人的表现也实在大有意味。胡适之所以在日记中懒得多说，大概也是不大好评说的缘故，但他心里的感受不难想见。

1923年10月13日（星期六）

沫若来谈。前夜我作的诗，有两句，我觉得不好，志摩也觉得不好，今天沫若也觉得不好。此可见我们三个人对于诗的主张虽不同，然自有同处。

到索克思家午餐。到国语专修学校讲演《国语文学史大要》。

沫若邀吃晚饭，有田汉、成仿吾、何公敢、志摩、楼□□，共七人。沫若劝酒甚殷勤，我因为他们和我和解之后这是第一次杯酒相见，故勉强破戒，喝酒不少，几乎醉了。是夜沫若、志摩、田汉都醉了，我说起我从前要评《女神》，曾取《女神》读了五日。沫若大喜，竟抱住我，和我接吻。

此段也有徐志摩10月15日的日记可作旁证：“前日沫若请在美丽川……饮者皆醉，适之说诚恳话，沫若遽抱而吻之……”

1923年10月18日（星期四）

到振铎家中吃饭。同席的有梦旦、志摩、沫若等。这大概是文学研究会与创造社“埋斧”的筵席了。

1923年10月25日（星期四）

英美诗中，有了一个惠特曼，而诗体大解放。惠特曼的影响渐被于东方了。沫若是朝着这方向走的；但《女神》以后，他的诗渐呈“江郎才尽”的现状。

胡适的这个看法曾对徐志摩谈过。徐志摩在10月11日的日记中有记：“适之翻示沫若新作小诗，陈义体格词采皆见竭蹶，岂《女神》之遂永逝？”

之后20多年，不见郭沫若的名字出现在胡适日记中，而郭沫若驳胡批胡的文章不时见诸报刊。

胡适对郭沫若为诗的能力不以为然，但对他其他方面的才能倒未一概否定，他在1947年5月22日的日记中，列出了他当日发出的中央研究院第一次院士选举“人文组”的拟题名单，郭沫若的名字在“考古学及艺术系”一栏中出现。

1950年1月2日

曾琦、刘东岩两先生来谈。曾君见郭沫若的《斯大林万岁》诗，因说，“郭沫若是无行文人”，他从前想加入少年中国学会，我已推荐他了，但李石岑等人不赞成。后来我介绍他与宗白华通信，沫若有一封信上说：

慕韩（曾君）与太玄，望之如天上人。

我乃堕于污泥之中而不能自拔。……

此信见《三叶集》。可见沫若是惯做阿谀文字的。

难怪胡适有此不屑。抗日战争胜利以后，郭沫若驳斥胡适言行的文章不时发表，而笔锋愈来愈犀利。1947 年 2 月，郭沫若撰文《替胡适改诗》，将胡适当年赠陈光甫诗中的一句“做了过河卒子，只能拼命向前”里的“拼”字改作“奉”字，以此讽刺胡适奉了蒋介石的命，做了国民党的过河卒子；次年 2 月，郭沫若作长文《驳胡适〈国际形势里的两个问题〉》；5 月在香港《华商报》发表《“三无主义”疏证》，大骂胡适“无耻！无耻！第三个还是无耻”。

欢喜小媳妇江冬秀。自胡适留美后，冬秀时常到胡家陪伴胡母，为婆婆排解寂寞，更为婆婆分担家务，很讨胡母喜爱。因此，胡母在给胡适的每一封信中，都要提及江冬秀，以告诫儿子他是有婚约的人，在外不可造次。

1911 年 4 月，胡适第一次给江冬秀写了封信，信中说：“屡得吾母书，俱言姊时来吾家，为吾母分任家事。闻之深感令堂及姊之盛意。出门游子，可以无内顾之忧矣。……今闻时时抱恙，远人闻之，殊以为念。近想已健旺如旧矣，前曾于吾母处，得见姊所作字，字迹亦娟好，可喜，惟似不甚能达意，想是不多读书之过。姊现尚有工夫读书否？甚愿有工夫时，能温习旧日所读之书。……如有不能明白之处，即令侄辈为一讲解。虽不能有大益，然终胜于不读书坐令荒疏也。姊以为如何？……”

胡适的可贵在于他对无知无识的发妻并非一味地嫌弃怨怼，更非置之不理然后以二者学识有距离不能沟通而厌之弃之，而是鼓励她识字读书。为此，他又在给母亲的信中，要求母亲买个丫头代冬秀做家务，以便让冬秀能有更多的时间读书认字。胡母果真依儿所愿，从芜湖买了个丫头。不仅如此，胡适一直关心冬秀的读书情况，时时写信追问，更要冬秀亲笔“作书寄我”。

不久，胡适收到了冬秀的第一封信：“……

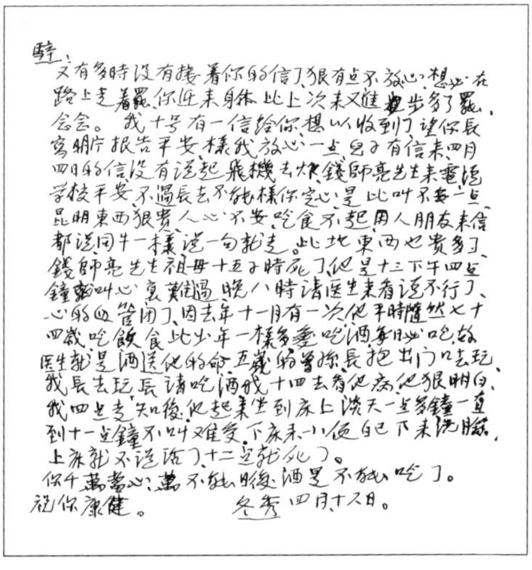
騂：
又有多時沒有接着你的信了，狠有点不放心，想必在路上走着罷。你近来身体比上次来又進步多了罷，念念。我十号有一信給你，想必收到了。望你長寫明片报告平安，樣我放心一点。兒子有信来，四月四日的信沒有说起飛機去炸，錢師亮先生来電说学校平安，不過長去不能樣你定心，是比叫不安一点。昆明東西狠贵，人心不安，吃食不起，用人朋友来信都说同牛一樣，说一句就走。此地東西也贵多了。錢師亮先生祖母十五号時死了，他是十三下午四点鐘[illegible]叫心裏難過，晚八時请医生来看说不行了，心的血管闭了，因去年十一月有一次。他平時雖然七十四歲，吃飯食比少年一樣多，要吃酒，每日必吃，故医生就是酒送他的命。五歲的曾孫長抱出门口去玩，我長去玩，長请吃酒。我十四去看他病，他狠明白，我四点走，知後他起来坐到床上談天一点多鐘，一直到十一点鐘不叫难受，下床来小便，自己下来洗臉，上床就不说话了，十二点就死了。
你千萬當心，萬不能，以後酒是不能吃了。
祝你康健。　　冬秀　四月十八日。

江冬秀写给胡适的信

缘妹幼年随同胞足入塾读书不过二三年，程度低微，稍识几字，实不能作书信，以是因循至今，未克修函奉复，稽延之咎，希为原宥……”

除了识字读书，胡适还劝冬秀放足。他在给冬秀的又一封信中说：“来书言放足事，闻之极为欣慰，骨节包惯，本易复天足原形，可时时行走以舒血脉，或骨节亦可渐次复原耳。”

江冬秀自知文化程度的确很低，实不敢亲笔作书。有几次，她请人代写信给胡适，被胡适看出来了。胡适在日记里这样记道：

1915 年 4 月 28 日

得冬秀一书，辞旨通畅，不知系渠自作，抑系他人所拟稿？书中言放足事已行之数年，此大可喜也。

除了书信往来，胡适与江冬秀也互赠照片。有一次，他在家里寄来的一张有冬秀在内的合影照背后写了一首长诗：“图左立冬秀，朴

1914 年 5 月，胡适在美国留学时寄给江冬秀的照片

素真吾妇。轩车来何迟，劳君相待久。十载远行役，遂令此意负。归来会有期，与君老畦亩。筑室杨林桥，背山开户牖。辟园可十丈，种菜亦种韭。我当授君读，君为我具酒。何须赵女瑟，勿用秦人缶。此中有真趣，可以寿吾母。”在这首诗里，他描绘了一幅远离尘世夫唱妇随的世外桃源画卷。

这些书信、照片的往来，实际上是胡适培养感情的方式之一，也算是他俩恋爱的方式之一。因而，与一般的包办婚姻不同的是，胡适在婚礼前对新娘的长相、学识、品德等并非一无所知，甚至可以说，他们在婚前已经有了一定的感情。当胡适即将由康奈尔大学毕业时，归家心切，思念油生，请好友任叔永为他拍了多张照片，然后从中选出一张“室中读书图”，并在背面写上诗一首“万里远行役，轩车屡后期。传神入图画，凭汝寄相思”。然后寄给了江冬秀，直露他的相思之情。

婚前想见新娘而不得

在美 7 年，受西风吹拂，留学归来的胡适自然是洋派的、新潮的，但他的洋他的新并没有销蚀掉他内心深处的传统品质。尽管崇尚婚姻自由的他在美期间有过艳遇，有过红颜知己，但他始终没有忘却在家乡等待了他 13 年的发妻。

实际上，胡适对母亲包办他的婚姻并非毫无微词，但他同时也能理解母亲的一片苦心，更因“孝”字当头而不忍、不愿忤逆母亲意愿。他早在 1908 年第一次拒绝婚事而给母亲的信中这样说：“男断不敢不娶妻，以慰大人之期望。即儿将来得有机会可以出洋，亦断不敢背吾母私出外洋不来归娶。儿……安敢忤逆如是，大人尽可放心也。”所以，他在日记里曾经这样记道：

1921年8月30日

……

梦旦邀我到消闲别墅（福建馆）吃饭，饭时大谈。他谈起我的婚事，他说许多旧人都恭维我不背旧婚约，是一件最可佩服的事！

……

我因告诉他，我对于我的旧婚约，始终没有存毁约的念头……

既然如此，胡适自美归国后的第一件事便是应母亲之催准备和江冬秀完婚。但他毕竟已经有了新思想，不愿在婚前连新娘的面都没有见，便要求和江冬秀见一面，作为次年结婚的“最低限度的条件”。依传统习俗，新郎新娘婚前是不允许见面的。江家很有些为难，但他们又知不能开罪胡家，考虑到他俩早有书信照片往来，见一面无妨，表面上勉强答应了。谁知，胡适应约去江村江家，却碰了个钉子，原因是准新娘江冬秀害羞得不肯露面。为此，胡适在8月30日的日记里有详细记载，读来颇为有趣。

……

这一个要求，各方面都赞成了。我亲自到江村，他家请我吃酒，席散后，我要求一见冬秀。他的哥哥耘圃陪我到他卧房外，他先进房去说，我坐在房外翻书等着。

我觉得楼上楼下暗中都挤满了人，都是要“看戏”的！耘圃出来，面上很为难，叫七都的姑婆进去劝冬秀。姑婆（吾母之姑，冬秀之舅母）出来，招我进房去。我进房去，冬秀躲入床上，床帐都下。姑婆要去强拉开帐子，我摇手阻住他，便退了出来。耘圃招呼我坐，我仍翻书与他乱谈，稍坐一会，我便起身与他出来。

这时候，我若招呼打轿走了，或搬出到客店去歇，那事便僵了。我那时一想，此必非冬秀之过，乃旧家庭与旧习惯之过。我又何必争此一点最低限度的面子？我若闹起来，他们固然可强迫他见我，但我的面子有了，人家的面子何在？我因此回到子隽叔家，绝口不再提此事。

第二天早起，我借纸笔写了一封信给冬秀，说我本不应该来强迫他见我，是我一时错了。他的不见我，是我意中的事。我劝他千万不可因为他不见我之故心里不安。我决不介意，他也不可把此事放在心上。我叫耘圃拿去给他，并请他读给他听。

吃了早饭，我就走了。姑婆要我再去见他，我说不必了。

回到家里，人家问我新人如何，我只说，见过了，很好。我告诉我母亲，母亲大生气，我反劝他不要错怪冬秀。但轿夫都知道此事，传说出去，人家来问我，我也只一笑不答。后来冬秀于秋间来看我母亲，诉说此事，果然是旧家庭作梗，他家长辈一面答应我，一面并不告诉他，直到我到他家，他们方才告诉他，并且表示大不赞成之意，冬秀自然不肯见我了。他没有父母，故此种事无人主持。

胡适不毁旧婚约是因为他不忤逆母亲，但他在见过世面，又吸收了新思想后，他对母亲包办的婚姻有了些不甘心。于是，他以婚前“见一面”作为条件，而且是“最低限度的条件”。可以设想，一旦这样的条件不成全，他大可借势毁约。此时，他是留过洋的，又即将是北京大学的教授，还是主张“婚姻自由”的新文化运动的骁将，而不再是胡家小毛孩子。如若他开了口，谅江家也无能为力，最多咒一句“负心汉”而已。

然而，当胡适真的连“见一面”都不可能时，他却什么也没说。至于原因，他在日记里继续写道：

> 那天晚上，我若一任性，必至闹翻。我至今回想，那时确是危机一发之时。我这十几年的婚姻旧约，只有这几点钟是我自己有意矜持的。我自信那一晚与第二天早上的行为也不过是一个gentleman（绅士）应该做的。我受了半世的教育，若不能应付这样一点小境地，我就该惭愧终身了。

受过半世教育的胡适，在婚姻这个问题上，的确颇有绅士风度。从他未能在婚前见到新娘一面却不迁怒于人就可看出，他很能为别人着想。在他看来，对于包办婚姻，如果说他是受害者的话，江冬秀一样也是受害者。他可以预见，如果他毁婚约，深受封建礼教洗礼的江冬秀将孤老一生。他不能弃另一个受害者于不顾、自顾追求所谓的自由婚姻，而将自己的幸福建立在他人的痛苦之上。因而，他最终还是遵守旧约，和江冬秀结婚了。

新婚的胡适与江冬秀

1917年严冬里的一天，在安徽绩溪老家，胡适和江冬秀的婚礼隆重而热烈。胡适一直都记得那一天。许多年后，胡颂平在以日记形式记录的《胡适之先生晚年谈话录》中这样记道：

1961年1月3日

先生谈起四十三年前结婚的日子，说："当年女方要我定日子，我是不信好日子坏日子的，就定了我的阴历生日。那年因为闰四月的关系，阴历十一月十七日，是阳历十二月三十日。女方翻了历书一看，说这天不坏，也不反对了。今天也是阴历十一月十七日，是我的阴历生日。

一个满腹经纶的留洋学者和一个没有文化的农村小脚女人的结合，立即招来纷纷议论。这其中更多的是惋惜和叹息，大有哀胡适不幸怒胡适不争之势。这些人中不乏也受过半世教育的知识人士，他们在摇头哀怨中，都认为胡适"亏了"。在他们眼里，婚姻似乎是一杆秤，两头的重量应该是相当的，否则必有一方是吃亏的。于是，他们认为江冬秀配不上胡适。台湾学者夏志清曾在为唐德刚的《胡适杂忆》写的序中明确说："我总觉得江冬秀女士不能算是我们一代宗师最理想的太太，两人的知识水准相差太远了。"

依此理，胡适的太太似乎应该是一个在知识水准方面配得上"一代宗师"的知识女性。为此，胡适不以为然，他在日记里写道：

1914年11月22日

若以"智识平等"为求偶之准则，则吾人终身鳏居无疑矣。实则择妇之道，除智识外，尚有多数问题，如身体之健康，容貌之不陋恶，性行之不乖戾，皆不可不注意，未可独重智识一方面也。智识上之伴侣，不可得之家庭，犹可得之于友朋。此吾所以不反对吾之婚事也。以吾所见此间人士家庭，其真能夫妇智识相匹者，虽大学名教师中亦不可多得。友辈中择偶，恒不喜其所谓“博士派”之女子，以其学问太多也。此则未免矫枉过直。其“博士派”之女子，大抵年皆稍长，然亦未尝不可为良妻贤母耳。

尽管胡适也承认“博士派”女子也可能成为贤妻良母，但他否认“智识”是择偶的唯一准则。实际上，从他这篇日记中的择偶观点可知，胡适的头脑是清醒的，也是智慧的。

很多人都说胡适的“不反抗”是因为他是母亲的孝子，他是看在母亲的分上才委曲求全的。的确，在他婚后不久给友人的信中，可见其意：“吾之就此婚事，全为吾母起见，故从不曾挑剔为难。（若不为此，吾决不就此婚，此意但可为足下道，不足为外人言也。）今既婚矣，吾力求迁就，以博吾母欢心。吾之所以极力表示闺房之爱者，亦正欲令吾母欢喜耳。”

也许起初胡适的确只是为母着想而不得已娶江冬秀为妻。如果仅仅如此，那么在他母亲去世后，他大可以弃江冬秀而去的。因为在他们婚后第二年，他的母亲就去世了。没有了“博吾母欢心”的理由，胡适却仍然心甘情愿与江冬秀携手人生，除了他性格上的温和与宽容外，江冬秀的善良与独特的个性也是不容忽视的重要原因。

称职又有个性的小脚妻子

时光不可倒流，人生也不可重来。我们不能确知胡适与知识水准相当的女子结合就一定幸福或一定不幸福。但是，胡适的学生罗尔纲的一句话很能说明问题：“我处胡家五年，我却常常感到，假如适之师夫人是个留学美国的女博士，我断不能在胡家处五年。”

事实上，胡适与江冬秀的婚姻的确是幸福的。就连夏志清也不得

胡适因心脏病住院时，与妻子江冬秀的合影

不说："胡适夫妇恩爱白首，非常幸福。"

不可否认，江冬秀没有读过太多的书，更没有受过高层次的正统教育，是没有文化的。在思想上，她与胡适是不容易沟通的；在学问上，她也无法为胡适提供更多的帮助。但是，婚姻毕竟不是做学问，而只是夫妻相依相伴知疼知热柴米油盐的普通生活。因而，作为家庭主妇，作为贤妻良母，她是称职的，特别表现在她对丈夫的关心上。

早在 1920 年，胡适和江冬秀的阴历生日恰好是同一天。胡适便写了一首《我们的双生日（赠冬秀）》的诗：

> 他干涉我病里看书，
> 常说，"你又不要命了！"
> 我也恼他干涉我，
> 常说："你闹，我更要病了！"

我们常常这样吵嘴——
每回吵过也就好了。
今天是我们的双生日，
我们订约，今天不许吵了！
我可忍不住要做一首生日诗，
他喊道："哼！又做什么诗了？"
要不是我抢的快，
这首诗早被他撕了。

有人据此诗认为胡适在江冬秀的"闹"下连看书作诗的自由都被剥夺了，很可怜。实际上，它恰恰反映出江冬秀对丈夫的关怀。难道任由病中的丈夫"不要命"地看书作诗，就是好妻子吗？江冬秀的干涉不是无理的、蛮横的，而是爱的一种表达方式。

在这方面，胡适日记里也有所反映。

1934年4月9日

近几个月来，《独立》（指《独立评论》——引者注）全是我一个人负责，每星期一总是终日为《独立》工作，夜间总是写文字到次晨三点钟。冬秀常常怪我，劝我早早停刊。我对她说，"我们到这个时候，每星期牺牲一天作国家的事，算得什么？不过尽一分心力，使良心上好过一点而已"。

1935年1月2日（1934年的回忆）

……

《独立》的原来社员大都是散了。……我一个人编了五十多期。每星期一的晚上，我平均总是三四点钟才睡觉。冬秀常怪我不应该这样糟蹋身体。

胡颂平的《胡适之先生晚年谈话录》中也有类似记载。

1958 年 3 月 2 日

先生今天清晨四时才休息。于是说起："每天有六小时的睡眠就够。在此地，太太不在此，没有人管我，可以放肆些；我终觉得这么静的夜去睡觉太可惜了，多做点工作，好玩。"

1961 年 5 月 24 日

早餐时，先生看见有皮蛋，于是谈起"从前在北京时，夜里总是睡得很晚的。我的太太往往剥一个皮蛋放在小碗里，旁边再摆一些酱油醋。其实我是不大吃酱油或醋的。工作到肚饿时，就吃一个皮蛋。有时太太预备好两个生鸡蛋，旁边放个热水壶，要吃时，先把鸡蛋放在开水里泡五六分，半生半熟的吃了"。

以个性而论，江冬秀这个人爽朗干脆直来直去，毫无扭捏之处。也许是书读得少，脑子清爽，也就没有一般知识女性所固有的复杂心理以及斤斤计较的小心眼。学者唐德刚在《胡适杂忆》里回忆江冬秀时这样写道："胡老太太向来未叫过我什么'密斯特'或'先生'。第一次见面，她对我就'直呼其名'。几次访问之后，我在她的厨房内烧咖啡、找饼干……就自由行动起来。"这样的女主人，丝毫不会让客人浑身不自在，相反倒给客人有相当舒适的"家"的感觉。

虽然读书不多，又是乡村小脚女人，但江冬秀一点儿不迷信。这不能不让胡适啧啧称奇。胡颂平的《胡适之先生晚年谈话录》中有这样的一篇日记。

1961年9月4日

先生说："……我是一个无神论者。我的太太跟我结婚四十多年，我从没有影响我的太太，但她不迷信，不看相，不算命，不祭祖先。她的不迷信在一般留学生之上。你看我们的外交官中有两位，他们要做一件什么事，先在房内卜一个金钱卦。有一位大使的太太，在未打牌前，要先卜金钱卦，如果今天的日神不好，她要打小牌，特别当心，如果今天的日神对她有利，她就要打大牌了。"

从"不迷信"这个角度上看，江冬秀似乎更像是一个受过教育的知识女性，但相比知识女性不屑或不善家事而言，她又是个做家务事的好手，特别是能烧得一手好菜。唐德刚曾经这样评价说："胡伯母的菜烧的和她的麻将技术一样的精湛。在《胡适杂忆》里，他回忆：一次她老人家打电话叫我去吃'豆渣'，说是美国吃不到的'安徽菜'，要我'赶快来！'我在赴'豆渣宴'的匆忙旅途上，千想万想，'什么是豆渣呢？'等我吃后才想起，那原是做豆腐的剩下的渣滓，加上五香杂料炒出，十分可口，是安徽农民最普通的'下饭菜'。"胡颂平的《胡适之先生晚年谈话录》中也有记录：

1962年1月27日

先生谈起："我的太太喜欢做些茶叶蛋，雪里蕻或者别的菜分送朋友，等于会作文章的人把自己的文章给人家看的心理一样。"

有人说，一个能干的人，连做家务事都能做得很好。江冬秀是个能干的人。胡适不得不承认。

1928年6月4日

冬秀今年正月底回家去为我造祖父母及父母的坟，她吃了不少的苦，每日上山督工选料，至今尚未完工。……冬秀几次信来，一定要我把碑文写好……

有的时候，江冬秀还很风趣幽默，连胡适都忍俊不禁。《胡适之先生晚年谈话录》中有这样两段：

1961年2月4日

下午，查良钊陪同熊毛彦文女士、罗家伦夫人及梅贻琦夫人来访。她们要参观先生的书房、卧室等处。到了胡颂平的办公室，先生笑着对她们说："这个房间留给我的太太住的，本来还有一张床。我的太太再不来，要给胡先生占据了。"于是指着四壁的书架说："我的太太以前对人家说，'适之造的房子，给活人住的地方少，给死人住的地方多。这些书，都是死人遗留下来的东西'。"

1962年1月23日

先生吃了点心，梳一梳头发，觉得这次病后头发白得多了。胡夫人在旁说："你打扮打扮，年纪轻得多，也很漂亮了。"先生笑着说："江冬秀小姐，我从来没听过你说我漂亮，从来没听过你说我漂亮的话呀！"

江冬秀很爱打麻将，这也是她频遭非议的原因之一，有人说因为她的这一爱好常常使得胡适不能静心读书写文章，这种指责实在有些苛刻。胡适婚后有很长一段时间都是与江冬秀分居两地的。1937年他赴美后，直到1946年归国，长达9年未与太太生活在一起。20世纪 50 年代初，他们夫妇在美国纽约长住。在这段时期里，胡家的确频繁出入麻将客。不过，那个时候，胡适有些失意，经济上也有些拮据，按照唐德刚在《胡适杂忆》里的说法："胡太太在麻将桌上赢的钱，也是胡家的经济收入之一种。"

说来也奇，江冬秀的牌运很好，几乎每打必赢，谁也不知其中道理。太太打牌时，胡适有时会在一旁观战，有时也会亲自上阵。这样的麻将生活似乎很无聊很没有意义，但也不失为一剂调节苦闷心情的良药。

在纽约生活时发生的一件事，让胡适在很多年以后仍有惊魂未定之感，也使他对太太多了份敬佩与赞叹。《胡适之先生晚年谈话录》中有详细记载：

1961 年 6 月 2 日

晚饭的桌上，谈起小偷的事，（胡适）说：

"我在美国纽约时，住的是第五楼的公寓。这天是正午，天下着雨，窗帘都挂着。那座公寓是长条形，我住在这一头，中间是客厅，客厅那边是我的太太的房间。那天我不在家。我的太太看见窗帘里爬进一个人来，吓了一跳，于是去打开了房门，这个贼是不晓得我家有多少人，他看见我的太太指示他从房门出去，他就走了。如果她那时喊贼，贼可能会用武器打她的。有了这次事情之后，大家说：'胡太太开门送贼。'"

胡适的回忆欠缺了一个重要点：当时江冬秀正在做饭，突然看见了贼。她受到惊吓的同时，却并没有如美国女人面对歹徒时所习惯地大声尖叫，而是迅即走到大门口，拉开门，义正词严地对贼说了一个英文单词："GO！"她的大胆与果决着实吓住了贼，他竟然有些不知所措。也许在他的职业生涯里，从来没有遭遇过这样临危不惧的女人，而且还是个矮矮胖胖面带慈祥手无缚鸡之力的外国老太太。他愣在原地好一会儿，然后就真的顺着江冬秀的指示“GO”了。江冬秀关上房门，折回厨房，继续做她的饭。

也许能够匹配胡适博士的知识女性有很多，但能够像江冬秀这样面对危难不忧不惧从容冷对的女人一定很少。江冬秀有她独特的地方。

1956 年，居于美国纽约时的胡适

“占了便宜”的婚姻

对于那些始终认为胡适“冤”胡适“亏”的人来说，他们对江冬秀缺乏真正意义上的了解，而只是想当然地以为读书少没有文化就一定不能成为“胡太太”。实际上，江冬秀并不是个没有思想而只对丈夫唯唯诺诺的愚笨无知村妇。有的时候，她的先知先觉、她的有主见、她的坚持，对胡适帮助不小。

早在1921年，胡适就在日记里说他与江冬秀结婚是“占了便宜的”。

1921年8月30日

他（指高梦旦——引者注）说许多旧人都恭维我不背旧婚约，是一件最可佩服的事！他说，他的敬重我，这也是一个条件。我问他，这一件事有什么难能可贵之处？他说，这是一件大牺牲。我说，我生平做的事，没有一件比这件事最讨便宜的了，有什么大牺牲？他问我何以最讨便宜。我说，当初我并不曾准备什么牺牲，我不过心里不忍伤几个人的心罢了。假如我那时忍心毁约，使这几个人终身痛苦，我的良心上的责备，必然比什么痛苦都难受。其实我家庭里并没有什么大过不去的地方。这已是占便宜了。最占便宜的，是社会上对于此事的过分赞许。这种精神上的反应，真是意外的便宜。我是不怕人骂的，我也不曾求人赞许，我不过行吾心之所安罢了，而竟得这种意外的过分报酬，岂不是最便宜的事吗？若此事可算牺牲，谁不肯牺牲呢？

在这里，胡适只是将他因为娶江冬秀为妻而赢得意外的赞许视为“占了便宜”。事实上远不止这些。

曾在胡适家住过一段时间的上海亚东图书馆编辑章希吕在他的日记里这样评价江冬秀："适嫂是一个说得出做得出的女人，不怕人家难为情的。"他举了一个例子加以说明：因与出版社发生版税纠纷，好脾气的胡适不曾说过出版社任何坏话，但江冬秀坚持自己的权利，三番四次托章希吕给出版社写信据理力争。她的精明与干练并不比出版社的商人们逊色。

外表上看，火爆脾气的江冬秀似乎有些不近情理，但她确是一个热心善良的女人。罗尔纲在他的《师门五年记》中回忆说："我感觉到江冬秀师母是个体恤人情的人。我在上海多年都是穿一条卫生裤。随适之师母到了北平，这条卫生裤怎能抵得住北方冬寒。她立刻给我缝了一条厚棉裤。我到北平只穿在上海多年穿的外衣，她把适之师穿的皮衣给我穿。"

胡适本人对妻子的善良厚道也是心存感激的。当他于1937年赴美后，在得知江冬秀无论生活如何艰难，仍然给家乡的学堂捐钱，给家乡生活困顿的人寄钱后，很感动也很欣慰。他在给妻子的信中，由衷地说："我十分感激。你在这种地方，真不愧是你母亲的女儿，不愧是我母亲的媳妇。"

胡适是个要面子的人，是个热心人，又交友甚广，经常应友之请介绍好的医院推荐好的医生。因此而得赞誉之后，他颇有些得意。江冬秀对此却不以为然，她很冷静地时常劝丈夫"莫荐医生"，但胡适一直没有听从。终于有一次，出事了。胡适推荐的医生在为刘半农诊治后不久，刘半农的病情不但不见好转，竟然很快就死了。

那件事发生在1934年7月份的一天。胡适接到刘半农夫人电话，说刚刚从绥远回来的刘半农得了黄疸病，很严重，却又因一贯恨协和医院而始终不肯入院就医，想请胡适前去看看。胡适在去刘家之前，很负责地打了个电话问懂医的友人，友人说此病的确很厉害，非得进医院不可。急忙赶到刘家的胡适果见刘半农病得不轻，全身发黄，还不住地打嗝逆，听刘夫人说还曾吐过血。刘半农勉强听了胡适的劝，但仍不肯入院，只同意让胡适去协和医院请个大夫回来看看。胡适随即赶到协和医院，找到代理院长，托他邀请马洛医生去刘家看看。

马洛医生诊断后说黄疸病有几种，有可治的，有不可治的，病人只有入院经过详细检查后方可对症治疗。胡适又在一旁劝，刘半农终于入院了。

胡适因与他人有约，没有陪同刘半农去医院。当天下午三点，他突然接到医院电话，说“刘先生死了”。这让他吃惊不小，颇不解。虽说刘半农的病来得凶险，可也不至于这么快就死了啊。他立即赶到医院，只见刘夫人母女正悲哭不已，场面十分凄惨。

向内科主任杜威克博士详问情况，胡适得知刘半农入院后经抽血化验，方知他得的是“回归热”，打了针后，病情原本是有所好转的。可是不久，病人突然心脏衰竭，来不及抢救便死了。

严格说来，胡适在这件事上是毫无责任的，连“好心办坏事”都谈不上。但是，刘家人虽然不曾明责胡适，却在他的面前频频怪罪协和。刘夫人更在一时的悲伤情绪下无法控制，打了杜威克博士一记耳光。在刘家人看来，刘半农的死很大程度上是被医院耽误了，而力劝刘半农入住协和的又是胡适。这令胡适很不安，他想起了江冬秀时常的规劝。于是，他在这天的日记里这样写：

> 1934 年 7 月 14 日
>
> 杜大夫深觉不安，我也觉不安。冬秀常劝我莫荐医生，我终不忍不荐。今天半农夫人与其弟都对我责怪协和，我安然受之，不与计较。

也许江冬秀早已预见到会有这种尴尬发生，所以才会劝丈夫“莫荐医生”。由此也可看出，她是一个聪明的女人。胡适热心又心肠软，江冬秀客观且冷静，互相配合可谓相得益彰。

在对待丈夫“为官”这个问题上，江冬秀也表现出超越她学识的睿智。1938 年，胡适受命出任驻美大使。对此，江冬秀大加反对，写信“痛责”胡适。她从来不想做官太太，而只是希望胡适能够专注于学术。胡适一方面写信给江冬秀解释：“我们徽州有句古话：‘留得青山在，不怕没柴烧。’青山就是我们的国家，我们今日所以能抬头见世人者，正是因为我们背上还有一个独立的国家在。我们做工，只是对这个国家，这青山，出一点汗而已。”一方面他在另一封信中，对妻子发愿说：“至迟到战争完结时，我一定回到我的学术生活去。”

对丈夫不得不弃学术于不顾而走到“为官”的道路上，江冬秀自责不已，她认为是因为她不能助丈夫一点力，才“害”了他的。她的自责，反过来又让胡适不免惭愧，他给江冬秀写信说：“对不住你。你总劝我不要走上政治路上去，这是你在帮助我。”

4 年后，胡适卸任大使一职，不禁又想起了 4 年前江冬秀的“痛责”。他感到妻子真的是有先见之明。他在给朋友的信中说：“今日之事，或为山妻所笑。”江冬秀当然不会笑他，她只是为丈夫因这 4 年的政治生活而耗费了的学术光阴惋惜而已。

抗日战争结束后，胡适自美回国，与分别 9 年的江冬秀重逢，随即应蒋介石之召准备去南京。临上飞机前，江冬秀对他说：“千万不可做官。”果然，胡适被蒋介石邀请出任“政府”国府委员。胡适起初一直推辞，但蒋介石始终坚持。无奈之下，胡适将妻子的话转达给蒋介石，说，太太说了，千万不要做官。最后，胡适真的没有出任国府委员。

从这个角度说，江冬秀确与一般女子不同。胡适也由衷地说她是“明大体的女人”。他在给江冬秀的信中，说：“若是不明大体的女人，一定巴望男人做大官。你跟我二十年，从来没作这样想，所以我们能一同过苦日子。所以我……说，我颇愧对老妻，这是真心的话。”

江冬秀是个有独特个性的人，这样的人必定直来直去而不期期艾艾。当胡适因有了外遇而提出离婚时，她不是一味地暗自哭泣。为了保卫自己的家庭和爱情，她极端地用菜刀指着两个幼子威胁胡适："你要离婚可以，我先把两个儿子杀掉！我同你生的儿子不要了！"她的这一行为让旁观者瞬间分成两个阵营：一部分人认为她是泼妇无疑，又无理又狠毒，更以为她没有文化，配不上胡适；另一部分人则很欣赏她的勇敢与执着，颇有现代女性敢爱敢恨的果敢风范。我们不能因为胡适是博士是教授是文化人，就宽待他的外遇行为，自然也不能因为江冬秀是没有文化的普通小脚女人，就严苛她的偏激行为。

胡适一家

当然，客观上，好面子又注重名声的胡适从此再也没有过离婚的念头，他与江冬秀真正做到了白头偕老。

1961年10月的一天，胡适在台湾"中央"研究院全体同人眷属"欢迎胡夫人茶会"上说过这样一句话："太太来了之后，我的家确实温暖了，不像过去那样的孤寂了。"

绽放在异国的精神之"恋"

"17"这个数字对于普通人来说,也许不足为意,但对于胡适而言,却有着多重意义。他出生于公元1891年12月17日,阴历是11月17日;他的小儿子胡思杜出生于1921年12月17日,他和夫人江冬秀的结婚纪念日也是17日。最为特别的是,韦莲司的生日恰好也是17日。她出生于1885年4月17日,比胡适大6岁。

胡适曾经在给韦莲司写的一封信中这样说:"我是十三年以前知道你的生日的,从此,一直不曾忘记过。"这封信写于1927年4月10日,韦莲司生日前。

关于胡适与韦莲司的关系,众说纷纭,有说他们之间有爱情,有说他们之间没有爱情,只有友情;有说胡适追求韦莲司,被她以他有婚约在身而拒绝;有说是韦莲司主动献爱,胡适却因为是个"发乎情,止于礼"的君子而不敢接受等等。

从胡适的《留学日记》中关于韦莲司的记载可以看出,虽然他们来往通信频繁,却无一论及"情爱",更多的是思想的碰撞、学问的切磋,至于感情,至多是互相抚慰而已。也就是说,他们并没有直接

胡适在美留学时题赠给韦莲司的照片

走上爱情之道，只不过在友情之路上走得稍稍远了一点儿罢了，所以让人产生误会。

开始于“狂狷”的交谈

胡适是在美国康奈尔大学读书时认识韦莲司的。当时，他对美国学生大多没有好感，认为他们“不读书，不能文，谈吐鄙陋，而思想固隘”。但是，当韦莲司出现在他面前时，他的眼前陡然一亮。他在日记里这样评价韦莲司：

1914年10月20日

其人极能思想，读书甚多，高洁几近狂狷，虽生富家而不事服饰；一日自剪其发，仅留二三寸许，其母与姊腹非之而无如何也，其狂如此。

韦莲司的父亲是康奈尔大学地质系教授，家住绮色佳。她本人并不在康大就读，而是在纽约学习美术。至于胡适是如何与她初识的，他在日记里没有说明。韦莲司在胡适日记里第一次出现时，似乎已经与胡适相识良久，因为那天，他们共同出游：

1914年10月20日

星期六与韦莲司女士出游，循湖滨行，风日绝佳。道尽，乃折而东，行数里至厄特娜村始折回，经林家村而归。天雨数日，今日始晴明，落叶遮径，落日在山，凉风拂人，秋意深矣。是日共行三小时之久，以且行且谈，故不觉日之晚也。

显然，胡适当日的心情很好，大有日光飞逝之感。

胡适的个性略显腼腆，据他自己说他不善于与女人交际。在他的身上，有很传统的恬淡、闲静之气。他说这是因为在妇人社会中待得太久之故。虽说他是这样的个性，但他自己并不一定喜欢这样的个性。相反，按照心理学的理论分析，他甚至可能更加欣赏那种与温和贤德完全相反的活泼洒脱个性张扬的反传统特质。

胡适日记这样记道：

1915年5月8日

女士最洒落不羁，不屑事服饰之细。欧美妇女风尚，日新而月异，争奇斗巧，莫知所届。女士所服，数年不易。其草冠敝损，戴之如故。又以发长，修饰不易，尽剪去之，蓬首一二年矣。行道中，每为行人指目，其母屡以为言。女士曰：“彼道上之妇女日易其冠服，穷极怪异，不自以为怪异，人亦不之怪异，而独异我之不易，何哉？彼诚不自知其多变，而徒怪吾之不变耳。”女士胸襟于此可见。

这样一个可以说是与众不同的女人打破了胡适心中固有的传统女人形象，让他好奇，也让他激动，更让他有与她相识相交的渴望。从胡适日记中可知，他们的交谈，是从“狂狷”开始的。

胡适以开玩笑的口吻对韦莲司说：“约翰弥尔曾经说过，‘今人鲜敢为狂狷之行者，此真今世之隐患也’。其实，我倒认为，‘狂’乃美德，非病也。”

果不其然，胡适不仅不以韦莲司的狂狷所厌，甚至是很欣赏的。

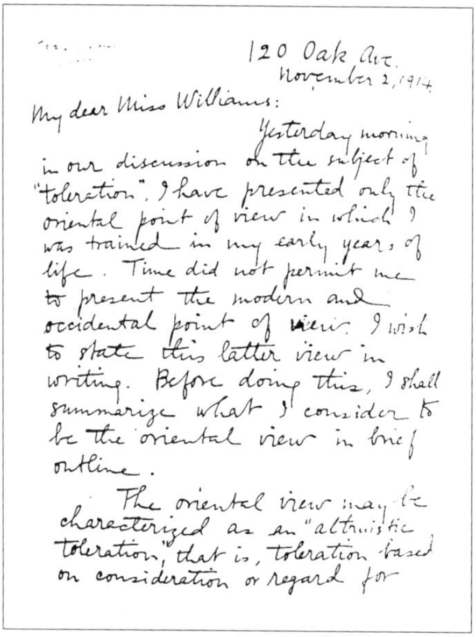

120 Oak Ave.
November 2, 1914.

My dear Miss Williams:

Yesterday morning in our discussion on the subject of "toleration", I have presented only the oriental point of view in which I was trained in my early years of life. Time did not permit me to present the modern and occidental point of view. I wish to state this latter view in writing. Before doing this, I shall summarize what I consider to be the oriental view in brief outline.

The oriental view may be characterized as an "altruistic toleration," that is, toleration based on consideration or regard for

胡适给韦莲司的第一封信手迹

韦莲司这样解释她的“狂狷”：“若有意为狂，其狂亦不足取。”胡适深以为然。

当然，胡适对韦莲司的大有兴趣与好感，并不仅限于韦莲司的“狂狷”，更在于她的独特思想。他说他与她的谈论“最有益，以其能启发之思想也”。他在给她的一封信中这样说：“在我们交往之中，我一直是一个受益者。你的谈话总是刺激我认真的思考。‘刺激’这个词不恰当，在此应该说‘启发’。”

对于胡适来说，他与韦莲司的交往，看重的不是他与她是否能够产生爱情，而是思想上的启发，他认为那是“一种最有价值的友谊”。

现在，人们都知道胡适有过一篇著名的《容忍比自由更重要》，而他在留学期间的“容忍迁就”与“各行其是”“不争主义”的思想，他对婚姻、对国际事务的态度等，都与韦莲司有过讨论。

关于“容忍迁就”与“各行其是”的思想，胡适在日记里这样记：

1914 年 11 月 3 日

韦莲司女士语余曰：“若吾人所持见解与家人父母所持见解扞格不入，则吾人当容忍迁就以求相安乎？抑将各行其是，虽至于决裂破坏而弗恤乎？”此问题乃人生第一重要问题，非一言所能尽，余细思之，可得二种解决：

……

关于“不争主义”的思想，胡适在日记里这样记：

1914年11月13日

……

女士谓余曰：“日本之犯中国之中立也，中国政府不之抗拒，自外人观之，似失国体。然果令中国政府以兵力拒之，如比利时所为，其得失损益虽不可逆料，然较之不抗拒之所损失，当更大千百倍，则可断言也。”余因以讷博士之语告之，并告以吾“秋柳”之诗，女士亦以为此中大有真理。

两年后，胡适的一篇文章《国际关系中有无武力之取代》获了奖。他给韦莲司写信报喜，并说“这篇文章中的许多意见是你我共同思考所得”。60年后，胡适说：那天实在是我智慧上变动的起点——从“极端和平主义”转变为“新和平主义”。

关于“女子教育之目的”，胡适在日记里这样记：

1915年10月30日

吾自识吾友韦女士以来，生平对于女子之见解为之大变，对于男女交际之关系亦为之大变。

早先，对于女子受教育的目的，胡适的理解也仅停留在传统士大夫的认识水平之上，认同女子受教育只是为了日后做一个称职的贤妻良母。通过与韦莲司的交流，特别是韦莲司本人的卓然思想与特立独行，让他骤然觉醒。他认识到，女子教育的目的其实应该是培养女人的独立意识。这不仅于女人本身，于社会、国家都益处无穷。所以他说：“国有能自由独立之女子，然后可以增进其国人之道德，高尚其人格。”

因而可以说，胡适早期思想的形成，与韦莲司不无关系。胡适对韦莲司的倚重，多的是思想的契合，而不是人们想象中的单纯情爱。

相会还是幽会？

对于胡适与韦莲司的关系，学者唐德刚曾经在他的《胡适杂忆》里这样说：“就在这一次胡、韦海文之会时，胡氏显有所求而为韦女所峻拒。2 月 3 日韦氏又写了一封‘即在所谓最自由放任之美国，亦足骇人听闻’的长信。她奉劝胡郎，斩断情丝，悬崖勒马；应着重较‘高级’的情性之交，勿岌岌于‘色欲之诱’。最后，燕姬并勉励郎君‘读书上进’。”

所谓“胡、韦海文之会”是在何时呢？韦莲司写那封信的动因和目的又究竟是什么呢？胡适在日记里记得很清楚。

1915 年 1 月 27 日（追记）

……

（二十一日）下午三时去波士顿，夜九时至纽约。以电话与韦莲司女士及其他友人约相见时。

二十二日至纽约美术院，韦莲司女士亦至……

午后一时，至女士寓午餐，遇……君夫妇，皆韦莲司家之友也。

（二十三日）下午，访韦莲司女士于其寓，纵谈极欢。女士室临赫贞河，是日大雾，对岸景物掩映雾中，风景极佳。以电话招张彭春会于此间。五时许，与女士同往餐于中西楼。余告女士以近来已决心主张不争主义，决心投身世界和平诸团体，作求三年之艾之计。女士大悦，以为此余挽近第一大捷，且勉余力持此志勿懈。

……

女士见地之高，诚非寻常女子所可望其肩背。余所见女子多矣，其真能具思想、识力、魄力、热诚于一身者唯一人耳。

胡适与韦莲司的这次相会，被许多学者认为是一次幽会。更有包括唐德刚在内的学者猜测在这次幽会中，胡适“有所求”。然而，细读胡适日记，我们发现，他俩的相会，并没有刻意单独相处，不是有“其他友人”，就是“电话招张彭春”。如果胡适“有所求”，他断不会邀来第三者。胡适虽然对韦莲司的感情在欣赏与爱慕之间游荡，但他不是个随性而任意为之的人，他有为人子的孝道的顾虑，有为人夫的忠心的顾虑，也有为坦荡荡之君子“非礼勿动”的顾虑。所以，他不可能做出一些越轨违礼之事。

但是，胡适打电话招张彭春来的行为，并不单纯。他是刻意为之，而目的并不是以客观事实压抑自己的“有所求”之“邪”念，其实是为了躲避韦莲司的“有所求”。韦莲司既是个“狂狷”之人，又对胡适充满好感，“有所求”也不是没有可能。胡适的日记里虽然没有显现，但从他写给韦莲司的信中可见蛛丝。

在与韦莲司相会后的2月1日，胡适给韦莲司写了一封长达11页的长信，信中有这样两段话：“是的，我打电话给张（彭春）先生的时候，我倒希望他能来——这并不是我相信世俗的‘礼’的观念（要是我真有那样的想法，我就不会在你那里待的这么久）；也不是因为我不喜欢跟你在一块儿，与你谈话，共同思考问题；（你知道我是乐在其中的！）也不是你‘略显无礼’的举止；而是因为我突然之间意识到这是不对的——至少是考虑的不够周到——明知故犯地把自己的朋友，变成别人批评的对象（就如你母亲所做那样的批评），即使他深知他的朋友是完全无视于这样批评的！苦行僧也许无视于痛苦，然而，他的朋友却无理由将痛苦加诸其身。”“以上这几页都是不应该说的话，可是，我还是说了。因为你怕我可能对你无心的‘略嫌无礼’的举止或动作有所误会。你所担心的事，完全是无稽的。”

于是，便有了唐德刚所说的韦莲司 2 月 3 日的那封信。对于这封信，胡适在日记里也有记载。

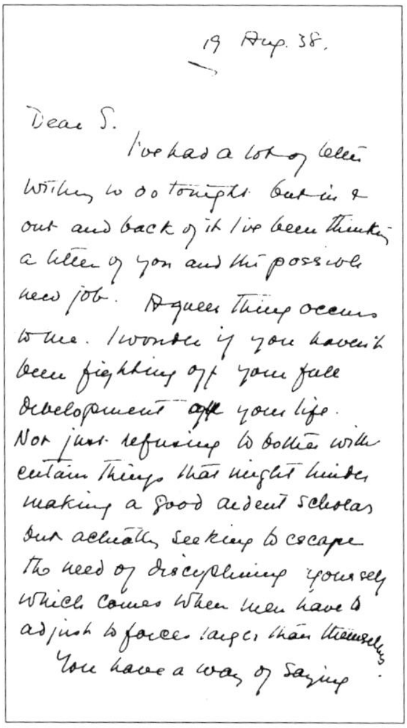
19 Aug. 38.

Dear S.

I've had a lot of letter writing to do tonight but in & out and back of it I've been thinking a little of you and the possible new job. A queer thing occurs to me. I wonder if you haven't been fighting off your full development of your life. Not just refusing to bother with certain things that might hinder making a good ardent scholar but actually seeking to escape the need of disciplining yourself which comes when men have to adjust to forces larger than themselves. You have a way of saying

1938 年，韦莲司写给胡适的信手迹

1915 年 2 月 3 日

C.W. 来书，摘录其精华如下。此君思想不凡，真能超然尘表者也。

……

右论男女交际之“礼”，可谓卓识。此论即在所谓最自由放任之美国亦足骇人听闻。盖此邦号称自由耳，其社会风尚宗教礼俗，则守旧之习极深，其故家大族尤甚。C.W.，女子中之有革命眼光者也。其家庭中之守旧空气，C.W. 对之如在囹圄，其远去纽约，终岁仅数归，未尝不为此故。

胡适所言韦莲司家有很浓重的守旧空气，并非虚言。胡适的那封长信中，也对韦莲司谈到这事：“上个星期二，我在讲述这次之旅的时候，我向你母亲说到，我两次去你公寓看你。她问我，除了你我，还有没有别人在场。我告诉她，杨先生和太太星期五在那儿，可是星期六下午，我们是单独相处的。她说：‘啊，这个，胡先生，要是这里的人知道了这件事，他们可要大不以为然了。’我告诉她，这个我很了解，但是我们并不是整个时间都单独在一起的。我打了电话给张彭春，请他一块儿来喝茶。这个解释显然让她放心了些。”

从这段话中也可看出，胡适当时的确心底坦荡，否则他也不会坦然向韦母明说“我们是单独相处的”。

1927 年，胡适重返绮色佳，将这张照片赠与韦莲司之母

也许是对胡适的言行有了很深的信任，韦母从此对胡适不再存有戒心。胡适在给母亲的信中说：“韦莲夫人待儿甚厚，时常在她家吃饭，有几十次之多。”为此，他还要求母亲寄一些家乡特产赠予韦母。与此同时，胡适也不对母亲隐瞒他和韦莲司的交往，甚至严词要求母亲为他与韦莲司“已行别婚”的传言辟谣，再次表示他决不会毁婚约。

信来信往伴终身

胡适在日记里提到韦莲司时，也有很深的情感色彩，比如：

1917 年 6 月 9 日至 7 月 10 日

民国六年六月九日离纽约。

十日晨到绮色佳，寓韦女士之家。连日往见此间师友，奔走极忙。

在绮五日，殊难别去。韦夫人与韦女士见待如家人骨肉，尤难为别。

但是，这并不意味着他与韦莲司的感情就是男女之情。不过，他俩之间的友情也非同一般。胡适归国后，一直没有和韦莲司断了联系，他们通信达两百余封。他们的交谈内容涉及甚广，除了思想、学识外，也有私事，而这些私事并不牵扯他俩之间的私情。

用“无所不谈”可以概括胡适与韦莲司的通信。他将他回国后的事业情况、身体健康状况、为人处世中的疑惑或感受、学术理论中的思想认识等，无一不和她论及，甚至他在回国后不久就回乡与江冬秀行了婚礼之事，他也不隐瞒。又一年后，他母亲去世，他也告知韦莲司，并向她抒发他心中丧母哀痛。及小儿祖望降生，他给韦莲司寄了全家福。与此同时，韦莲司给胡适写信，时常有“请与夫人同看”的字样。如此等等都表明两人的关系早已不是普通友谊所能涵盖了的，而更多地有了亲情意味。

1953 年，胡适与夫人江冬秀重返绮色佳，与韦莲司（右二）的合影

可以说，这些书信中没有一封真正意义上的“情书”，否则，韦莲司也不会在胡适去世后继续与江冬秀保持往来，并应江冬秀之请，整理出了胡适写给她的英文书信并寄赠给胡适纪念馆。

陈衡哲：胡适的“一个最早的同志”

在我国现代文坛上，有一位几乎要被人们遗忘的女性，当新文学的黎明刚刚来到的时候，是她发出了白话文的初啼，有“新文学第一位女作家”之誉；20世纪20年代她自美国学成回国，应北京大学校长蔡元培之邀，成为北大第一位女教授。她的短篇小说集《小雨点》曾风靡中华大地。她早年立志献身事业，持独身主义，后与我国现代科学教育运动创始人之一、著名科学家任鸿隽（字叔永）缔结良缘。她与胡适的一段恋情，被人们传为美谈。

她就是陈衡哲。

在胡适眼里，陈衡哲是他“一个最早的同志”。他还说，“她对于我的主张的同情，给了我不少的安慰与鼓舞”。

情感开始于文字游戏

胡适的《尝试集》中，时有“我们三个朋友”之说。这“三个朋友”即指胡适、任叔永和陈衡哲。1934年4月下旬，上海的一份名为《十

1920 年 8 月，胡适与任叔永、陈衡哲夫妇在南京

日谈》的旬刊，在第 26 期的“文坛画虎录”的专栏中，刊登了一篇署名为“象恭”的文章《陈衡哲与胡适》。内称：陈女士留学美国时，曾向胡适表示要与他“结为永久伴侣”，而胡适则拒绝了“自投送门的海外艳遇”，并且“把陈女士‘负责’介绍给‘他的朋友’任叔永”。

实际上在此之前，有关陈、胡的种种传闻，早已不胫而走，但还没有人像这样在杂志上明文直说，而此时陈衡哲与任叔永已经成婚，胡适自然十分气愤。

第二天，胡适给《十日谈》写了一封信，列陈《陈衡哲与胡适》一文的种种不实，指出象恭写此文不是出自一般的猎奇刺秘心理，而是存心攻讦他人，并向杂志社编辑提出抗议。

8 月下旬，《十日谈》仍在“文坛画虎录”栏目中，一字不删地将胡适的信全文刊出，并在文尾的按语里表示“仍愿虚业坦怀，向被误解的任先生、任夫人和胡先生告罪”。

风波就这样平息了。

风波算是过去了，但人们心中的猜疑并未随之消散。自古才子多情种，胡适面对文章和长相一样漂亮的陈衡哲，真能做到心如止水吗？陈、胡之间究竟是怎样一种关系呢？陈、胡、任之间又是怎样的关系呢？

1914 年，陈衡哲进入美国纽约州瓦沙女子大学史学系，主修西洋历史，副修西洋文学。一年后，她因为给《留美学生季报》投稿而结识了主笔任叔永。每当陈衡哲有诗作寄来，任叔永总要“忍不住”

拿给别人看看。胡适就是这样与陈衡哲认识的。

1916年春天，胡适担任《留美学生季报》的编辑，便想起了任叔永经常提到的陈小姐，于是给陈衡哲去信征求文稿，陈衡哲与胡适虽未见过面，但对胡适的大名并不陌生，一旦胡适抛出橄榄枝，彼此一“交”如故，在你来我往的书信中，玩起了文字游戏，而且玩得好开心！

> 1916年10月23日
>
> 打油诗一束
>
> 一、……
>
> 二、答陈衡哲女士
>
> 女士答吾征文书曰：“‘我诗君文两无敌’，岂可舍无敌者而他求乎？”
>
> 吾答书有“细读来书颇有酸味”之语。女士答云，“请先生此后勿再‘细读来书’。否则‘发明品’将日新月盛也，一笑。”吾因以此寄之。
>
> 不“细读来书”，怕失书中味。
若“细读来书”，怕故入人罪。
得罪寄信人，真不得开交。
还请寄信人，下次寄信时，声明读几遭。

陈胡本来互称：“先生”，胡适就此寄诗：

> 1916年11月1日
>
> 三、寄陈衡哲女士
>
> 你若“先生”我，
我也“先生”你

不如两免了，
省得多少事。

少写两个字，能省多少事呢？胡适想省的是两人之间的客套和距离罢。陈衡哲的答诗也很调皮。

1916年11月3日
一、再答陈女士
陈女士答书曰：
所谓“先生”者，“密斯忒”云也。
不称你“先生”，又称你什么？
不过若照了，名从主人理，
我亦不应该，勉强“先生”你。
但我亦不该，就呼你大名。
“还请寄信人，下次寄信时，申明”要何称。

胡适甘愿把头低。在这天的日记里，他继续与陈衡哲“斗嘴”。

适答之曰：
先生好辩才，驳我使我有口不能开。
仔细想起来，呼牛呼马，阿猫阿狗，有何分别哉？
我戏言，本不该。
“下次写信”，请你不用再疑猜：
随你称什么，我一一答应响如雷，决不敢再驳回。

在那段日子里，与陈小姐通信，成了胡适日常最有乐趣的事情。每天早晨6点钟左右，门铃叮当一响，他知道是送信的来了，他会从床上一跃而起，赤脚跑到门边，等那一封一封的信从门下小缝里哧哧地塞进来，然后仍回到床上去，摆一个舒服的姿势，慢慢地消受那些信函，那当中就常常有陈小姐的来信。

在陈衡哲与胡适见面之前，二人议文论学及酬唱吟答的书信，竟有 40 多件。胡适自己也承认，在未见过面的朋友中，能做到这样的实在很少。

这年 11 月的一天，任叔永寄了两首诗给胡适看。胡适在日记里，这样记：

1916 年 11 月 17 日

月

初月曳轻云，笑隐寒林里。
不知好容光，已印清溪底。

风

夜间雨敲窗，起视月如水，
万叶正乱飞，鸣飙落松蕊。

叔永以此两诗令适猜为何人所作。适答之曰：“两诗妙绝。……《风》诗吾三人（系指任叔永、杨杏佛、胡适——引者注）若用气力尚能为之。《月》诗则绝非吾辈寻常蹊径。……足下有此情思，无此聪明。杏佛有此聪明，无此细腻。……以适之逻辑度之，此新诗人其陈女士乎？”叔永来书以为适所评与彼所见正同。此两诗皆得力于摩诘。摩诘长处在诗中有画。此两诗皆有画意也。

一语中的，人们都说陈、胡心有灵犀，看来并非无稽。

裹足不前斩断情丝

当时的胡适，正竭力鼓吹文学改良，提倡写白话文，遭到许多人的讥笑和反对，连他的朋友也大都不赞成他的主张，这使胡适常常有孤立和寂寞之感。就在他热切地“盼望得一个半个同行的伴侣”的时候，陈衡哲“出山”了。

一直暗恋陈衡哲却始终得不到回应的任叔永也是反对白话文的。当胡适宣扬他文学改良主张时，他俩之间曾有一段笔墨争论，正在吵得不可开交的时候，没想到陈衡哲却倾向于胡适一边并且动笔写起白话小说来。

慈眉善目的任叔永

陈衡哲的举动，对势单力薄的胡适当然是一种莫大的慰藉，但对于任叔永，却真正是别有一番滋味在心头了。

不仅如此，后来陈衡哲与胡适的关系愈发亲密起来，这就更使任叔永心中隐隐作痛了……

陈衡哲没有参加笔虞，但明显地对胡适的观点寄予同情。最难能可贵的是，她躬亲实践，创作了一些白话小说和新诗。新文学史上第一篇白话小说《一日》就是此时的产物，比鲁迅的《狂人日记》还早一年。

对于陈衡哲的帮助，胡适感激涕零。他曾满怀感情地说：“她是我的一个最早的同志。我对她有一种很深的和纯洁的敬爱。”

任叔永与胡适毕竟是多年挚友，早在光绪三十二年（1906 年）于中国公学高等预科早班就学时，就与胡适有同窗之谊。他深知胡适的为人，因此自始至终对他并不多防。胡适与陈衡哲的第一次见面，还是任叔永从中牵的线。胡适在日记里，这样记。

1917年4月11日

四月七日与叔永去普济布施村访陈衡哲女士。吾于去年十月始与女士通信，五月以来，论文论学之书以及游戏酬答之片，盖不下四十余件，在不曾见面之朋友中，亦可谓不常见者也。此次叔永邀余同往访女士，始得见之。

后来胡适果然不负任叔永，未夺人之爱，却也并不是顾及朋友，而是他自己裹足不前罢了。

胡适对陈衡哲的感情，陈衡哲心有所感，但毕竟没有得到明确的信号。以她一个典型的东方女子，自小所受传统教育，加上少女的矜持，如何做得出凰求凤的事来！何况她当时并未放弃独身主义，或者说，她还没有足够的勇气放弃它，可在她心底未必不在等待一个强大的外力来击碎她加给自己的桎梏。

胡适本有机会充当陈衡哲爱情的解放者的，但他终究缺乏那份力量！

在与陈衡哲的交往中，他敬她犹如神明，他觉得若向她求爱，无异于嘲讽她的独身主义；对一个抱独身的女子求爱无异于向一个修女求爱，甚至存有这种念头都是一种不洁，一个亵渎。即使陈小姐有一天改变想法，叔永在前，也轮不到他胡适。

有了这些思想，尽管他时时受着灵与肉冲突的煎熬，却仍止于礼，裹足不前。

1917年下半年，胡适离美返国，年底即匆匆忙忙与江冬秀结了婚。江冬秀是胡母在他13岁上给他选定的媳妇，胡适对江氏并非全无感情，又感她苦等多年，娶其为妻也在情理之中，但胡适这么快就结婚的另一个心理，恐怕是想借江平抑心中波澜。

1918年，任叔永学成回国。直到行前，任叔永仍未从陈衡哲那里得到明确的承诺，但他从陈衡哲眉宇间口吻中看到了点什么。那是沉沉天幕上的一点星光，尽管遥远，毕竟有了希望。

陈衡哲给任叔永希望，是因为她对胡适的绝望。在得知胡适结婚的消息后，她心中残存的最后一点希望破灭了。在这件事上，陈衡哲一方面多少有些看不起胡适，怪他太孱弱、太认命。另一方面，又因为胡适从未对她直接表白，现在看来倒好像是她陈衡哲自始至终在单相思，心里不免一阵难过，自尊心有点受不了，但她也知道胡适这样做是性格上的原因，不会是有意伤害她，况且胡适很有可能有他的苦衷。

不知是对胡适有气而将情感寄托在任叔永的身上，还是她本就对任叔永情意难忘，抑或两者皆有。这段期间，任、陈的感情有了进展。

任叔永回国的第二年，再度赴美。表面上的理由是为公采购机器，可在朋友们的口头上，却流传着任叔永三万里求婚的现代童话。事实上，任叔永的确不虚此行。陈衡哲终于金口松动。不久俩人就订婚了，又于1920年9月成婚。

作为任、陈共同的挚友，胡适不仅被邀请参加婚礼，更被托写赞礼。这天的日记，胡适记得很详细。

1920年9月16日

八点：今天下午为叔永与莎菲结婚之期，我允为作赞礼。

十一点：上午写一副对联戏赠叔永、莎菲：无后为大，著书最佳。

五点：行礼，子文证婚，婚礼甚简单，最可采用。

难忘佳人借诗咏情

胡适不可能在日记里透露他对于陈衡哲出嫁的心情。实际上，婚后的胡适仍不能忘却陈小姐，及至听到陈衡哲出嫁的消息，心中更不好受，可是纵有千种风情，更与何人说！无奈之余，译一段张籍的《节妇吟》以遣情怀：

你知道我有了丈夫，
你送我两颗明珠。
我感激你的厚意，
把明珠珍重收起。
但我低头一想，
忍不住泪流脸上。
我虽知道没有一毫私意，
但我觉得有点对他不起。
我噙着泪把明珠还了，
只恨我们相逢太晚了！

胡适借节妇之口，陈衡哲口吻，浇自己心中块垒。

1920年，胡适作诗《纪梦》。也许是前一晚他梦到了莎菲，有感而发吧。

梦里得他书，称呼太客气；
上面称先生，自己称名字。
我初颇介意，转念还喜欢。
有书终胜无，远道得书难。
老友久离别，相思不消说。

三年梦一书，醒来书也无。

就在胡适寤寐思服、惆怅满怀的时候，苍天作美，赐他一块小小的砝码，多少使他倾斜的心理天平平衡了些。他的女儿出生了。

一向不喜欢洋名字的胡适，在给女儿取名时显得有些反常。他给她起了个洋气的名字——素斐。当我们揭开谜底也就不认为怪了。素斐二字译成英文为“Sophia”，这正是陈衡哲留美时用的名字（莎菲）！对此，胡适并不讳言。他在日记里如实记。

1921年7月31日

得冬秀一信，知叔永、莎菲得一女。因重到鸡鸣寺，作一诗贺他们。（去年八月中，他们宣布婚约的一夜，我和他们在鸡鸣寺吃饭，“三个朋友”诗中第二段即指豁蒙楼上所见。）诗如下：

重上湖楼看晚霞，湖山依旧正繁华。
去年湖上人都健，添得新枝姐妹花。

（三个朋友一年之中添两女，吾女名素斐，即用莎菲之名。）

天有不测风云。素斐在6岁那年竟不幸夭折了！胡适大恸之情，难以言传。在素斐病时，胡适的侄子也卧床不起，他自己也病体歪歪。陈衡哲曾致书胡适，极尽关怀，说：“读了你的来信，心中不胜为你忧闷。一个人自己多病已是够了——我是深知其中况味的，怎又禁得再加上子侄的疾病相继呢？适之，你如觉得你受不起精神上的负担的时候，请你随时到这里来休养。”正对妻子江冬秀不信新医术始终不肯让侄儿和爱女接受新式治疗这种“庸俗”思想大为不满的胡适听了这番话语，感受到了女人特有的细腻情感，心中热潮涌动。在素斐夭折后，陈衡哲又向胡适建议：“把我们女儿送一个与你”，或“把你的儿子也送一个给我们”。这时候，他俩之间的关系已经超越了单纯的男女情爱。

在爱女去世一年后，胡适旧地重游来到纽约，忽一夜，梦见素斐，醒来还感悲痛，于是作诗一首，其中有这样两句：

素斐，不要让我忘了，
永永留作人间苦痛的记号。

在这首诗的后记中，胡适说：“忍了一年半的眼泪，想不到却在三万里外哭她一场。”

素斐与纽约并无一点关系，又死在国内，胡适怎会在纽约梦亡女呢？噢，纽约，恰恰是另一个Sophia曾与他共同读书的地方。在胡适的心里，两个Sophia实在是重叠的一体。当时陈衡哲亦在国内，与素斐相对于胡适同在“三万里外”，胡适所哭的，究竟是哪个“她”呢？至少在为女儿抛洒一串泪珠中，有几颗是为陈衡哲滚落的吧？

一篇小说暗含玄机

尽管陈衡哲在心底为胡适的“绝情”找到了很多理由，气也顺了些，但到底心意难平，终于还是忍不住，写了一个短篇小说发泄心中情感，这就是《洛绮思的问题》。台湾现代文学史家夏志清为唐德刚所著《胡适杂忆》一书作序时，说：“这篇小说我认为影射了陈、胡两人不寻常的关系，至少也透露了陈自己对胡的一番爱慕。”

小说写一个男教授与一位女研究生相爱而订婚，旋因研究生担心婚后影响事业而解除婚约，失望的教授很快与一粗俗女子结了婚，消息传来，研究生既怨恨又失望，但后来想通了，便写信给教授，祝他和妻子幸福。

从小说梗概中，我们不难发现陈、胡的影子，小说中类似于陈胡经历、交往、心境的设置以及细节更是随处可见。比如，小说取名《洛绮思的问题》，这个“问题”实际上就是婚姻与事业之间的矛盾。小说中的洛绮思为解决这个问题，抱定独身主义，这与现实中的陈衡哲是一致的。陈衡哲后来放弃了独身，但她仍然感到婚姻与事业的矛盾是个问题，特别是在她怀孕后。于是，她在小说中将洛绮思安排成前与男主人公瓦德订婚，后又怕婚后养儿育女妨碍事业发展，最终毁婚。这实际上是反映了陈衡哲自己的心态。对此，胡适日记也有此反映。

1921年9月10日

去看莎菲，见着他的女儿，名荷儿。莎菲因孕后不能上课，他很觉得羞愧，产后曾作一诗，辞意甚哀。莎菲婚后不久即以孕辍学，确使许多人失望。此后推荐女子入大学教书，自更困难了。当时我也怕此一层，故我赠他们的贺联为“无后为大，著书最佳”八个字，但此事自是天然的一种缺陷，愧悔是无益的。

胡适日记里“此后推荐女子入大学教书，自更困难了”一说，缘自当初是他介绍自美归国的陈衡哲入北京大学教授西洋史的。如今她因孕息教，她自己觉得羞愧不论，胡适也感为难。

除此，小说中教授给研究生回信中的一段话，使人感到陈衡哲是针对胡译《节妇吟》而发的。“教授写道：……有许多我的朋友们，以为我应该找一个志同道合的人来做终身伴侣。我岂不愿如此。但是，洛绮思，天上的天鹅，是轻易不到人间来的。这一层不用我说了，你当能比我更为明白。我不愿对于我的妻子有不满意的说话，但我又怎能欺骗自己，说我的梦想是实现了呢？……我心中总有一角之地，是不能给她的。那一角之中，藏着无数过去的悲欢，无限天堂地狱的色相。我常趁无人时，把他打开，细味一回，伤心一回，让他把我的心狠狠地揉搓一回，又把他关闭了……我的朋友，请你恕我的乱言。我实愿有一个人，来与我同游这个世界。我怎敢希望这个人是你呢？……”这好像是胡适的口吻，也好像是胡适的心声。

《洛绮思的问题》既然有“影射”的可能，那么，陈衡哲似乎应该唯恐避胡适不及。事实是，她在完成初稿后，却主动告知胡适，还请他帮忙修改。这是什么样的心理呢？是故意为之以将她的心声传达给胡适吗？胡适在收到陈衡哲的信后，这样在日记里记：

1923年5月31日

莎菲来信，说他做了一篇小说，用的是Vassar College一个女教授Prof.Washbwrn和Cornell University的一个教授恋爱的事。他们虽不能结婚，但每日总有一封信。（女的未嫁，男的是已婚的。）两地的人传为美谈。莎菲说：

你何不也用我这个题目做一篇呢？我的题目是Prof. Tichiner and Prof.Washbllrn的事，事情的大纲属于他们，但细目尽可自由创造。我的主旨是妇女的本身问题。你如能做一篇，很可以给我们一个比较，可以使我们知道一样材料的不同用法，这是很有趣的。你高兴吗？

你的病现在怎样？我们都很记挂。

衡哲。五月廿九日

我答书说，我也想试作一篇，但拟用他们二人之外，还加入Cornell的Prof.Crandall的事。此君订婚之后，尚未结婚，而女子病了，病中把双目都瞎了。伊就请求他解除婚约。他坚持不肯。他们竟结婚了。这位夫人虽是瞎子，但绮色佳的人没有人不敬爱伊。他们生的子女也都很好。——这篇小说，我很想做，但此时尚不能作文。

显然，此时的胡适并不知道成稿的《洛绮思的问题》其实写的就是他俩的故事。从他在日记中谈到的他想加入“此君的事”可知，他很看重“责任”。这似乎含有一种暗示：尽管他心里有爱，但有的时候，责任比爱更重要。或许正因如此，他才最终选择了母亲包办的江冬秀为妻，而舍弃了真正爱着的陈衡哲。在胡适的另一篇日记里，也表达了相同的意思。

1931 年 1 月 5 日

与莎菲谈，她说 Love 是人生唯一的事；我说 Love 只是人生的一件事，只是人生许多活动的一种而已。她说：“这是因为你是男子。”

其实今日许多少年人都误在轻信 Love 是人生唯一的事。

最终公开发表的《洛绮思的问题》与原作有了很大的改动，而改动的原因正是因为胡适。胡适曾经说过：“……初稿，我和叔永最先读过，叔永表示很满意，我表示很不满意，我们曾有很长的讨论，后来莎菲因此添了一章，删改了几部分。”从现存的陈衡哲写给胡适的信中可知，其中有三封信，他俩曾经专门就该小说有过讨论。

胡适为什么“很不满意”《洛绮思的问题》，在他的日记里找不到相应的答案。可以推想，小说的“影射”有可能令他感到不安。他不想让人窥破他心底的秘密，甚至不想让人怀疑。于是，他不给陈衡哲“影射”的机会。直到他去世，他始终没有公开承认过他对陈衡哲的感情。唐德刚在《胡适杂忆》中说：“等到四十年后，莎菲已绿叶成荫，儿孙满堂了，人家或问‘中央’研究院胡老院长和陈衡哲女士当年的‘关系’，他还硬是说女士当时抱的是独身主义，并不钟情于任何人。”

胡适与陈衡哲真是一对儿。明明对对方有意，却都不直说，却又替对方说。婚姻不仅仅是缘分，也是机会，一时踌躇间错过，再回首只怕已是百年身了！

一场婚外恋，湮没在刀光之中

胡适出生于1891年，1962年，他去世时，实足71岁。

曹诚英出生于1902年，1973年，她去世时，实足71岁。

这只是一种意外的巧合呢，还是冥冥中天注定的一种缘分？

爱上小“表妹”

在胡适选择与母亲包办的江冬秀成婚后，他的耳畔回荡着无数的惋惜和哀叹声。一个留美博士，一个未受过学校教育的村女，两人并肩而站，人们习惯不去赞美小脚女人的幸福，只会为留美博士的吃亏而直呼“不值”。夜深人静，胡适望着月光下沉睡着的年轻但在他看来有些庸俗的女人的面庞，他的心底泛起波澜。他有了些不甘心。他陡然渴望能有一场真正意义上的恋情，不敢奢求刻骨铭心感天动地轰轰烈烈，哪怕是普普通通平淡如水，也好。

这时，他想到了仍然在美国的红颜知己陈衡哲，他能够感受到她时时流露出的真情，但他负了她。他又想到了他婚礼上的伴娘，一个娇小可人的小姑娘“娟”，他称她为“表妹”。

“娟”是曹诚英的小名，字珮声。她是胡适三嫂同父异母的妹妹，和胡适一样也是安徽绩溪人。给江冬秀做伴娘时，她15岁了，在那个年代，也算是个大姑娘了。她亲昵地称胡适为“糜哥”。虽然胡适没有在日记里记载这次的见面，但可以推定，这是他回国后与曹诚英的第一次见面。

年轻时的曹诚英

婚礼之后，胡适和曹诚英各过各的生活。胡适回北京大学继续执教，并参与《新青年》的编辑工作。曹诚英于1918年和父母包办的胡冠英完婚，嫁到邻村的胡家。如果没有外界力量，曹诚英恐怕就这样在乡下和大多数农村妇女一样老实地过完一辈子，也就不会与胡适产生恋情。

和胡适一样，曹诚英也是在年幼时就由父母包办了婚姻。与胡适相反，曹诚英同样留学美国的哥哥曹诚克非常痛恨包办婚姻，对父母包办妹妹的婚姻，更加深恶痛绝。尽管他最终无力阻挡妹妹嫁给胡冠英，但他极力鼓动妹妹外出求学。于是，1920年春天，曹诚英考入浙江女子师范学校，从而走出了闭塞的小山村，来到美丽的西子湖畔。与她同行的，有她的丈夫胡冠英，还有同乡、后来的“湖畔诗人”汪静之、胡冠英的姐夫程仰之。他们三人同学于浙江一师。

胡冠英家本就不满于儿媳妇出外求学，更恼怒于她结婚3年都未能给胡家开枝散叶。在1922年冬，他们强行给儿子冠英娶了小老婆，当然事先也不会征求曹诚英的意见。曹诚英因受了哥哥的影响，又读了几年书，思想自然开明，既不满包办婚姻，更不能容忍丈夫另娶。于是，她愤而提出离婚。1923年初，他们离了婚。

胡适与曹诚英虽然自婚礼后一直未再见面，但他们一直都有书信往来。曹诚英对胡适比较崇拜，时常去信请教问题。胡适本就乐于助人，对方又是三嫂的妹妹，还曾是夫人的伴娘，自然比一般人要亲近得多，对她也就热心得多。当严修等人请胡适为白话《聊斋》作序时，他借故推托；当华文学校校长请他去演讲时，他也推托，却在同时应曹诚英之请为《安徽旅浙学会报》作序。他在日记里，这样记：

1921年5月5日

作书与严范孙先生、史瞿安先生（名梅，来函为白话《聊斋》乞作序，辞之）、Mr.W.F.Dawson（华文学校校长，约六月廿二日演说，不能往，辞之）……曹珮声表妹（珮声为《安徽旅浙学会报》乞序，我以徽浙学术史甚可研究，故允之）。

对于胡适而言，“徽浙学术史甚可研究”只是表面上的理由，更有可能是他一直都想为表妹做点什么，如今机会来了，岂可放过？胡适守信，不出两个月，他就将写好的“序”寄给了曹诚英。胡适如此给面子，曹诚英暗自窃喜了好一阵子。两人也由此更加频繁地书信往来。

1922年5月30日，胡适去见了溥仪。6天之后，他在日记写了一首诗。

1922年6月6日

我昨晚忽然想作诗纪一件事，初稿很长，后来删成短诗一首：

有感

咬不开，捶不碎的核儿，
关不住核儿里的一点生意；
百尺的宫墙，千年的礼教，
锁不住一个少年的心！

事隔30多年后的1959年12月12日，胡适特地为这首诗加了自注："此是我进宫见溥仪废帝之后作的一首小诗。若不加注，读者不会懂得我指的是谁。"他为什么会这样说？因为这首诗长期以来一直被人认为是胡适写给曹诚英的情诗。从表面上看，它似乎写的的确是"百尺宫墙"里的废帝溥仪。然而实际上，这又何尝不是他自己的心声？此时，他正挣扎在"千年礼教"之中，对曹诚英的爱恋与情感已经"锁不住他的心"。

为了消除人们对这首诗的"理解误会"，胡适加注解释，但恰恰应合了"此地无银"之理。徐志摩就曾说过："凡适之诗前有序后有跋者，皆可疑，皆将来本传索隐资料。"胡适不过是借溥仪之现状抒自己胸臆罢了。

幽会于西子湖畔

胡适重见曹诚英是在1923年的春天，在杭州。有人说，胡适此次是特意往杭州看望曹诚英的。实际上，他在日记里记叙了南下的原因。

南中日记

1923年4月21日，离开北京，到天津，住在君家。

4月22日，南下。

23日，夜，到上海，住叔永、莎菲家。

24日，夜，E.S.同人在叔永家小集。

25日—28日，开新学制课程起草委员会……

29日起，休会五日。

29日，夜，到杭州，住新新旅馆。

4月40日—5月3日，在杭州。

也就是说，胡适是因为到上海参加会议而南下的，而到杭州是利用休会期间的那几天空闲。与他同往杭州的还有任叔永、陈衡哲（莎菲）、朱经农、杨杏佛、赵志道、唐擘黄。虽然不能说胡适特意往杭州见曹诚英，但至少可以说他很好地利用了这次机会。从他的日记可知，他游西湖，并非只有曹诚英陪伴，而是和任叔永等6人，外加汪静之、胡冠英和其他几个乡友程干埏、程本海、汪恢钧，还有曹诚英的一个吴姓同学。混在人群中，胡适很好地隐藏了自己心底的秘密，又尽可以释放自己的情感却不易让人察觉。

在返回上海后，胡适立即写了《西湖》一诗：

1923年，胡适在杭州休养时，与友人合影

十七年梦想的西湖，
不能医我的病，
反使我病的更利害了！

然而西湖毕竟可爱，
轻烟笼着，月光照着，
我的心也跟着湖光微荡了。

前天，伊却未免太绚烂了！
我们只好在船篷阴处偷觑着，
不敢正眼看伊了。

……

听了许多毁谤伊的话而来，
这回来了，只觉得伊更可爱，
因而不舍得匆匆就离别了。

不难看出，《西湖》与《有感》在写作技巧上是一致的，那就是借他人（他景）抒发自己的情感。这也是理性的善于掩饰真情的胡适的惯用手段。诗中的“伊”，似乎指向西湖，但胡适的本意是暗喻曹诚英。一句“听了许多毁谤伊的话而来”暴露了胡适的真情。有着现代思想的曹诚英在闭塞的家乡，名声自是不大好的，何况她又与丈夫离了婚，离婚后却以朋友相待，这就更遭来闲言碎语，抑或毁谤谩骂者，也有之。诗中的“十七年”也有说头，一是指胡适曾在17年前游过西湖，此番是重游；二是有“1917”之意，因为他回国后与曹诚英的第一次见面即在那年他的婚礼之上。

胡适“不舍得匆匆就离别”，却又不得不离别。于是，一旦另有机会，他自然又会匆匆与它（她）相聚。一个多月后，他再次来到杭州。

从胡适日记可知，在他第一次离开杭州到他第二次去杭州之间的短短一个月时间内，曾经连续与曹诚英书信往来。

> 1923年5月24日
> 得信：冬秀、在君、珮声、菊生……
>
> 1923年5月25日
> 作书与珮声。
>
> 1923年6月2日
> 收信：珮声二……
>
> 1923年6月5日
> 收信：二哥、珮声……
>
> 1923年6月6日
> 发信：珮声……

虽然已经无法确知他俩在信中的交谈内容，但从胡适将在西湖拍的约8张照片（特别有一张曹诚英的单人照）粘贴在5月25日的日记里，而又一改将友人的来信粘贴在日记里的习惯而只是简单地记有“收信”或“来信”，可推知，此时他俩的感情已经有些暧昧。于是到了再见面时，关系便更进了一步。

胡适日记记载他此次赴杭，原本是与高梦旦同行的，后有了点意外，高梦旦与林子忱、刘雅扶夫人先行一步。三人在杭州会合后，同游西湖。

1923年，胡适与友人高梦旦（左一）、郑振铎（左二）和曹诚英在北京西山

烟霞洞中的神仙眷侣

从1923年6月9日起直到9月8日，现存的胡适日记，没有任何内容。但是，从9月9日起，他的日记中特别注明了“山中日记”，比较详细地记录了他与曹诚英“神仙眷侣”的生活。

6月24日，胡适孤身住进烟霞洞。可以想知，曹诚英经常到烟霞洞看望胡适。至于曹诚英是何日开始留宿烟霞洞的，目前比较一致的说法是在7月29日他们同在西湖南高峰看日出之后。两天后，胡适作诗一首“南高峰看日出”，在引言中，他说：“七月二十九日晨，与任百涛先生曹珮声女士在西湖南高峰看日出。后二日，奇景壮观犹在心目，遂写成此篇。”

最先看出胡、曹恋情的是汪静之。他一直热恋曹诚英，自然对曹的感情动态很敏感。当曹诚英频繁出入烟霞洞时，他对他俩的关系产生了怀疑；当曹诚英将胡适写的一首名为《怨歌》的诗拿给他看，并对他说胡适写的就是她时，被证实了。《怨歌》一诗这样写道：

那一年我回到山中，
无意中寻着了一株梅树；
可惜我不能久住山中，
匆匆见了，便匆匆地去。

这回我又到山中，
那梅树已移到人家去了。
我好容易寻到了那人家，
可怜他已全不似当年的风度了。

他们把他种在墙边的大松树下，
他有好几年受不着雨露和日光了；
害虫布满了叶上，
他已憔悴的不成模样了。

他们嫌他总不开花；
他们说："等的真心焦了。
他今年要还不开花，
我家要砍掉他当柴烧了。"

我是不轻易伤心的人，
也不禁为他滴了几点眼泪。
一半是哀念梅花，
一半是怜悯人们的愚昧。

拆掉那高墙，
砍倒那松树！
不爱花的莫栽花，
不爱树的莫种树。

胡适的这首诗写于1923年的8月17日，9月26日，他直接用《梅树》为名又作诗一首：

树叶都带着秋容了，
但大多数都还在秋风里撑持着。
只有山前路上的许多梅树，
却早已憔悴的很难看了。
我们不敢笑他们早凋；
让他们早早休息好了，
明年仍赶在百花之先开放罢！

在短短的一个多月内，胡适为梅树连续作诗两首，其中必有隐情。据汪静之介绍，曹诚英最爱梅花，又常自诩为梅。仔细辨别，《怨歌》里梅树的遭遇与曹诚英的经历相仿。“匆匆见了，便匆匆地去”意思可能是他俩在婚礼上匆匆一见后，便分开了。“不开花”应该指曹诚英婚后始终不生育。因此，曹诚英说《怨歌》写的是她，当可信。率真的曹诚英在汪静之面前，并不隐瞒她对胡适的感情，直言与胡适“要好了”。

胡适的“山中日记”也没有回避他俩的这一段“同居”生活。其中大部分是他俩单独共处时的生活细节。

1923年9月12日
晚上，和珮声下棋。

1923年9月13日

今天晴了，天气非常之好。下午我同珮声出门看桂花，翁家山，山中桂树盛开，香气迎人。我们过葛洪井，翻山下去，到龙井寺。我们在一个亭子上坐着喝茶，借了一副棋盘棋子，下了一局象棋，讲了一个莫泊三的故事。到四点半钟，我们仍循原路回来。下山时，不曾计算时候，回来时，只需半点钟，就到烟霞洞口了。

晚上，作一诗：

龙井

……

1923年9月14日

同珮声到山上陟屺亭内闲坐。（烟霞洞有三个亭，陟屺最高，吸江次之，最下为卧狮。）我讲莫泊三小说《遗产》给她听。上午、下午都在此。

1923年9月16日

与珮声同下山。她去看师竹友梅馆管事曹健之（贵勤）了，我买了点需用的文具等，到西园去等她。……后来珮来了……

1923年9月18日

下午，与娟下棋。

夜间月色甚好，在月下坐，甚久。

1923年9月19日

与珮声出门，坐树下石上，我讲一个莫泊三故事"Toine"给她听。

夜间月色不好，我和珮声下棋。

1923年9月21日

早晨，与娟同看《续侠隐记》第二十二回“阿托士夜遇丽人”一段故事……

1923年9月27日

傍晚与娟同下山，住湖滨旅馆。

除了他俩单独共处外，从胡适的日记中还可看出，他在友人面前并不遮掩他和曹诚英的关系，似乎在有意无意间向众人“宣告”他俩的关系。当然，他没有明说，朋友们也不好直问，但怀疑一定是有的。

1923年9月22日

早九点，同娟及山上养病之应崇春先生的夫人坐轿子去游云栖。路经理安寺，我和娟曾来游过，故不进寺……

到六和塔。我与娟登塔顶纵观，气象极好。

1923年9月26日

今天游花坞。同行者，梦旦、知行、珮声、复三夫妇……

船到留下，娟的身体不好，不能坐船了，我和她同梦旦、知行四个人包了一个汽车回到湖上……

1923年9月28日

我和娟约了知行同去斜桥，赴志摩观潮之约。

1923年9月29日

到八点三刻，志摩又走了。君武至十点半才起，他邀我和娟同去游李庄……

1923年10月1日

下午，与复三、娟和一位翁家山的人同去看翁家山的“桂花王”……

胡适此次赴杭的主要理由是养病。前一阵子，他的老毛病（坐骨直肠脓肿）又复发了，很痛苦。病虽然治得差不多了，但身体大虚。如今，炎热的夏季过去了，身体也恢复了，也该回去了，他毕竟是有工作的人，容不得就此躲藏在世外桃源中悠然度日。

如果胡适与曹诚英是在7月29日在南高峰看日出那天开始同居的说法成立的话，那么到10月初时，他俩已经一起生活了两个月，也算是度过了两个“蜜月”，说短也不短了。但是，对于胡适而言，他对感情的渴望压抑得太久，一旦释放出来，就难以回收了，又何况他认为这几个月的生活是他从未体验过的最快乐的。因而，他对即将的分离有了无比的感伤。他在日记中，毫不掩饰地表达了这种愁闷。

1923年10月3日

睡醒时，残月在天，正照着我头上，时已三点了。这是在烟霞洞看月的末一次了。下弦的残月，光色本凄惨；何况我这三个月中在月光之下过了我一生最快活的日子！今当离别，月又来照我。自此一别，不知何日再能继续这三个月的烟霞山月的“神仙生活”了！枕上看月徐徐移过屋角去，不禁黯然神伤。

紧接着，胡适收拾行李，向友人一一辞行，当然也与曹诚英惜别。曹诚英于前一天已经返回学校去了。5 日傍晚，他乘火车离开杭州。

又一次相逢

从胡适的日记里可看知，当夜 11 点，他到达上海北站。随后，他去了亚东编译所，见过几个人后，于 12 点住进沧州旅馆。他没有立即上床休息，而是坐下来写了两封信，除了一封是写给妻子江冬秀的，另外一封就是写给曹诚英的。当然，他没有明说这封信的内容。不过可以推想，信里一定含有款款浓情和离愁别绪。否则，他如何能在刚刚分手数小时后，就如此急不可耐呢。

从 10 月 8 日至 18 日，胡适在日记里除了记述日常生活外，总不会遗漏“收信：娟”。也就是说，这十来天里，胡适每天都会收到曹诚英的来信，有时一天两封。因为他会写上“收信：娟二”。当然，他也经常去信。

在杭州时，徐志摩曾经和胡适、曹诚英共同出游过几次，他以他诗人的敏感和细腻早就看出了端倪，只是忍而不发。回到上海后不几天，有一天，两人坐而谈诗，胡适将他的《烟霞杂诗》拿给徐志摩看。诗中充盈着的浓浓情意使徐志摩阅后更加证实了自己的猜测，便直问胡适：“尚有匿而不宣者否？”胡适直言：“有。”徐志摩以为，胡适“有，但不宣”，是因为有所顾忌。

也许是本就不想刻意隐瞒，也许是既然已被看穿也就不再遮掩，胡适深知徐志摩能够理解，便也就敞开心扉。据徐志摩的日记记载：“与适之谈，无所不至，谈书、谈诗、谈友情、谈爱、谈恋、谈人生、谈此谈彼，不觉夜之渐短。适之是转老回童了，可喜。”

显然此时，胡适与曹诚英正热恋中。既然如此，又如何能够抵御两地分居的相思之苦。于是在10月19日，胡适第三次奔赴杭州，仍然住在新新旅馆。此次与他同行的还有徐志摩、朱经农。从此以后的十多天，他的日记里又经常出现曹诚英的名字了。

1923年10月20日

娟来。我们四人同出游湖……

1923年10月21日

我们四个人去游西溪花坞……

1923年10月22日

下午，曹云卿表兄（娟之兄）与……来访。

1923年10月23日

……太晚了，娟不能回校，遂和我同回旅馆。她昨天病了一天，四餐不能吃饭，今天因为他哥哥在此，勉强出来同游。

1923年10月27日

娟借曹洁甫先生家内厨灶，做徽州菜，请经农、志摩和我去吃饭……

短短的十天的相聚，一因胡适身边有友，一因曹诚英要上课，所以他俩少有单独相处的机会。临分别前，他俩才有了一次机会。

1923年10月29日

游湖，与娟到平湖秋月，步行到孤山游览林社、放鹤亭诸处。我在西湖住了四个多月，竟不曾到过孤山。

又一次的离别，又一次的难舍难分，又一次的无限愁情。

> 1923年10月30日
> 今日离去杭州，重来不知何日，未免有离别之感。

难忍相思苦

在上海待了一个月之后，11月30日，胡适返回北京。北京离杭州更远了，却更让胡适的心因思念而隐痛。12月22日，他去西山秘魔崖养病。时近新年，沐浴在皎洁的月光下，又满怀相思，和大多数多愁善感的文人一样，此时，胡适也生出许多诗意，即兴写出《秘魔崖月夜》：

> 依旧是月圆时，
> 依旧是空山，静夜；
> 我独自踏月沉思，——
> 这凄凉如何能解！
>
> 翠微山上的一阵松涛，
> 惊破了空山的寂静。
> 山风吹乱了窗纸上的松痕，
> 吹不散我心头上的人影。
>
> （九点三十分）

这“心头上的人影”是谁呢？一度有人以为是陈衡哲。其实，从“月圆”“空山”“静夜”“踏月”这些词中不难看出，她应该是曹诚英。胡适的日记已经清楚地描述了他俩在杭州烟霞洞时的生活：赏月、月光下散步、月光下讲故事。

第二天，胡适又作诗一首《暂时的安慰》：

自从南高峰上那夜以后，
五个月不曾经验这样神秘的境界了。
月光浸没着孤寂的我，
转温润了我的孤寂的心，
凉透了的肌骨都震动了；
翠微山上无数森严的黑影。
方才还像狰狞的鬼兵，
此时都好像和善可亲了。
山前，直望到长辛店的一线电灯光，
天边，直望到那微茫的小星。
一切都受了那静穆的光明的洗礼，
一切都是和平的美，
一切都是慈祥的爱。

山寺的晚钟，
秘魔崖的狗叫，
惊醒了我暂时的迷梦。
是的，暂时的！
亭子面前，花房的草门掀动了，
一个花匠的头伸出来，
四面一望，又缩进去了。——
静穆的月光，究竟比不上草门里的炉火！
暂时的安慰，也究竟解不了明日的烦闷呵！

12 月 27 日，妻子江冬秀来到胡适的身边。三天后，是他俩的结婚 6 周年纪念日。但这一切都并不能解他烦闷。想见的，见不到，不想见的，却时时在眼前晃荡；想要的，要不到，不想要的，却无力甩脱。于是，胡适烦上加烦，闷上加闷。

1924 年 1 月 3 日
烦闷的很，什么事也不能做。

1924 年 1 月 15 日
这十五日来，烦闷之至，什么事也不能做。

烦闷，烦闷，干脆写一首《烦闷》诗：

很想寻点事做，
却又是这样的不能安坐。
要是玩玩罢，
又觉得闲的不好过。

提起笔来，
一天只写得头二百个字。
从来不曾这样懒过，
也从来不曾这样没兴致。

为什么“不能安坐”，为什么“这样懒”，为什么“没兴致”。胡适在写完《烦闷》之后写的《小诗》里，道出了答案：

放也放不下，

忘也忘不了。

可能是他觉得这样写太直白太直露，恐后人耻笑，便将此两句用笔圈掉了，重新写：

刚忘了昨儿的梦，
又分明看见梦里的一笑。

也许是烦闷，胡适日记自1月27日以后就中断了，时间长达一年。因而从他的日记中，我们已无法知道他与曹诚英在这一年的时间里是否又见过面。可以肯定的是，他俩的通信始终未断；他俩的爱，也始终未消。1925年1月25日，他补记了一份“1924年的年谱”，其中将《小诗》定为“最得意的一首小诗”。其实无论从诗的技巧上还是内容层次上，这首诗不一定称得上最好，但因为诗里渗透了他对曹诚英的一份情，所以他自认为“最得意”。

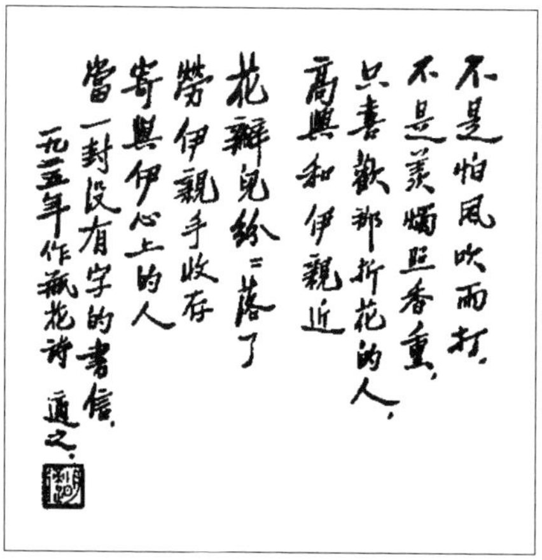

胡适写于1925年的这首诗，是不是另有所指呢？

屈服于妻子的菜刀

整个1925年，胡适的日记记得很简单。但是，在这一年中，却发生了一件大事。这件事的本身是胡适在日记里刻意回避的理由。这年7月，他收到曹诚英的一封信。

这封信的封面是用英文写的“北京大学胡适博士

收”，实际上它是由曹诚英的哥哥曹诚克自天津转的。当时，曹诚克在南开大学任教授。该信的邮戳显示，发信邮局是“天津府”。

为什么要这样呢？从信中的内容看，曹诚英似乎在担心被别人知道他俩的关系。因为她这样写道：“……我们在这假期中通信，很要留心！你看是吗？不过我知道你是最谨慎而很会写信的，大概不会有什么要紧……你有信可直寄旺川。我们现在写信都不具名，这更好了。我想人要拆，就不知是你写的。我写信给你呢？或由我哥转，或直寄往信箱。要是直寄信箱，我想你我的名字不写，那末人家也不知谁写的了。你看对吗？”

这样的偷偷摸摸很让胡适痛心，他能感受到曹诚英不得不做一个无名无分的地下情人的委屈。而信的末尾的一段更让他几乎要落下泪来：“……糜哥！在这里让我喊一声亲爱的，以后我将规矩地说话了。糜哥！我爱你，刻骨的爱你。我回家去之后，仍像现在一样的爱你，请你放心。……祝我爱的安乐！”也就是这句爱的宣言，让畏缩的胡适痛下决心，他要离婚，他要和娟结婚！

于是，胡适向江冬秀提出离婚！

江冬秀反应的激烈大大出乎胡适预料。她拿着剪刀要刺胡适，被人拦下后，又冲进厨房拿了把菜刀，威胁胡适说：“你要离婚可以，我先把两个儿子杀掉！我同你生的儿子不要了！”

胡适相信他那“庸俗的”妻子能够说得出做得到，他傻了，也清醒了。如果真的离婚，两个儿子的小命难保是其一，他胡博士长久以来精心维护的好名声也将毁于一旦而大失面子是其二。与其如此闹得鸡飞狗跳人尽皆知，不如悄然舍弃自己的爱情。就这样，胡适妥协了：不离婚了，让曹诚英去堕胎。

“堕胎”一说，在胡适日记中当然是找不到的，而只是知情者说。

曹诚英的苦楚，是能够想见的。她堕了胎，但无法堕掉对胡适的爱。为此，胡适在1926年写了一首诗《扔了？》：

烦恼竟难逃，——
还是爱他不爱？
两鬓疏疏白发，
担不了相思新债。

低声下气去求他，
求他扔了我。
他说，“我唱我的歌，
管你和也不和！”

不久，曹诚英考入南京中央大学农学院，与后来的物理学家吴健雄、生物学家吴素萱同学。再后来，由胡适推荐，她考入胡适当年就读的美国康奈尔大学农学院。

“表妹”要去当尼姑

藕断丝还连。胡适与曹诚英分手却并不绝情，他俩一直有来往。这在胡适日记中也有体现。

1931年1月7日

车到浦口时大雪。过江已误点，车开又迟，故到晚上十一点始到上海。

珮声来接胜之，在渡船上稍谈。胜之与她在下关上岸。我们在江口搭车。

在上海时，他俩幽会在友人汪孟邹家。这让江冬秀怒不可遏，但她忍着，因为至少胡适不再提离婚。

曹诚英学成归国后，曾在四川大学农学院任教，结识了曾某，并决定结婚。可是节外生枝，曾某的亲戚与江冬秀相熟，闲聊中透露了此事。江冬秀抓住了这个报复机会，也不顾及丈夫的颜面，将他与曹诚英的旧情翻了个底朝天。“丑事”很快传到了曾某的耳朵里，他随即取消了婚约。

伤心欲绝的曹诚英在1939年的“七夕”之夜，给正在美国任驻美大使的胡适寄去一封信后，愤而登上峨眉山，准备出家当尼姑。胡适是通过吴健雄的来信知道一切的，他很感伤，在日记里这样写：

> 1940年2月25日
>
> 吴健雄女士来信，说，友人传来消息，珮声到峨眉山去做尼姑了。这话使我感伤。珮去年旧历七夕寄一词云：
>
> 孤啼孤啼，倩君西去，为我殷勤传意。道她末路病呻吟，没半点生存活计。
>
> 忘名忘利，弃家弃职，来到峨眉佛地。慈悲菩萨有心留，却又被恩情牵系。
>
> 此外无一字，亦无住址，故我不能回信。邮印有“西川，万年寺，新开寺”八个字可认。

看样子，尽管曹诚英仍然“被恩情牵系”，但她不留字、不留地址的行为，也足见其决绝之心，更可知其悲愤之情。

远隔重洋，胡适纵然也牵肠，却无力而为，他只有通过友人不停地探询曹诚英的讯息。

得知妹妹要做尼姑，曹诚克即赴峨眉山苦劝，不惜动用“结婚不成可以独身”这样的极端说辞，终于劝得曹诚英下了山。这样的打击摧残了她的身体，终于病倒。远在美国的胡适在日记中这样记：

1941年1月6日

吴素萱来信说珮声去年六月病倒，八月进医院。

胡适没有记下他听说曹诚英病倒后的心情。也许此时此刻，他不知该说些什么。他留给曹诚英的，除了负了她之后的伤痛外，什么也没有，说什么也都是没有意义的。他只有背负这份情债，遗憾终身。

难解徐志摩“八宝箱”之谜

诗人殉难

那天，满天的湿湿的灰雾。一架小型飞机在雾气中艰难地找寻着方向。它缓缓地越过泰山后，盘旋着渐渐往下。前面不远处，就应该是济南机场。经验丰富又对济南地形了如指掌的济南人卫姓机师，此时，信心满满。他操纵着飞机摸索着朝他认为的机场方向滑行，他知道离此次航行的最终目的地北平已经不远了。就在这时，“轰”的一声巨响，飞机在撞上一座小山头后，燃起大火。着了火的飞机瞬间跌落在山脚下，翻了几滚，不动了。冲天的火光引来了附近村子里的村民，他们赶过来看。坐在前排的两位机师已成两具焦炭；坐在后排的一个人除了衣服着火而灼伤了皮肤外，身体的其他地方并没有着火。但是，他也死了。他就是诗人徐志摩。

对于好友徐志摩的意外丧生，胡适自然是要在日记里纪念的。

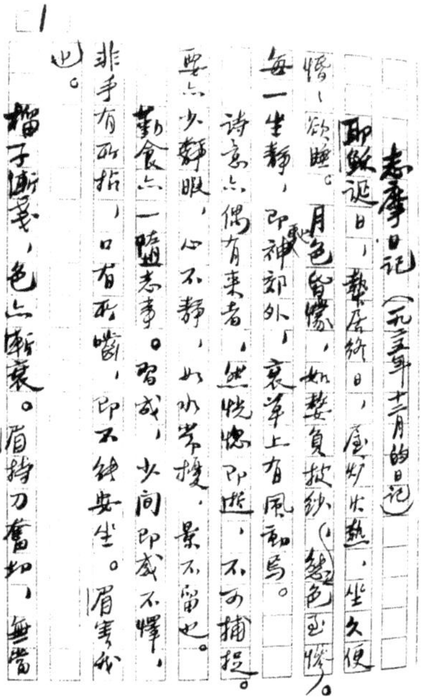

胡适手抄徐志摩日记

1931年11月20日

昨早志摩从南京乘飞机北来，曾由中国航空公司发一电来梁思成家，嘱下午三时雇车去南苑接他。下午汽车去接，至四时半人未到，汽车回来了。我听徽因说了，颇疑飞机途中有变故。今早我见《北平晨报》记昨日飞机在济南之南遇大雾，误触开山，坠落山下，司机与不知名乘客皆死，我大叫起，已知志摩遭难了。电话上告知徽因，她也信是志摩。上午十时半，我借叔永的车去中国航空公司问信，他们也不知死客姓名。我问是否昨日发电报的人，他们说是的。我请他们发电去问南京公司中人，并请他们转一电给山东教育厅长何思源。十二点多钟，回电说是志摩。我们才绝望了！

胡适在他这天的日记中，夹了一份《北平晨报》的剪报，题目是“京平北上机肇祸昨在济南坠落”。内容为：“十九日午后二时，中国航空公司飞机由京飞平，飞行至济南城南三十里党家庄，因天雨雾大，误触开山山顶，当即坠落山下。本报记者亲往调查，见机身全焚毁，仅余空架。乘客一人，司机二人，全被烧死，血肉焦黑，莫可辨认。邮件被焚后，邮票灰仿佛可见，惨状不忍睹……”

这篇日记，是胡适 1931 年的日记最后一篇。

两个女人的争夺战

对于“新月派”而言，胡适与徐志摩的作用无他人可比。梁实秋曾说：“胡先生当然是新月社的领袖，事业上志摩是新月的灵魂。”就私人关系而论，他俩也是极为亲密的。就在徐志摩出事前的这年年初，徐志摩因就任北京大学教授，而在胡适家住过一段时间。

徐志摩的丧生，令胡适伤心难过了好一阵子，而徐志摩死后遗留下来的一只“八宝箱”，以及由此“八宝箱”而衍生出来的理不清的纠纷却让胡适烦恼了好一阵子。

有人推测“八宝箱”可能应该是“百宝箱”，因“八”和“百”字音相同而有误。徐志摩自己称其为“文字姻缘箱”。

所谓“八宝箱”是徐志摩遗留下来的装有他的日记、遗稿和书信等资料的一只箱子。

1925 年春，徐志摩出国到欧洲去，他的日记、一些书信和手稿不便随身远行，便统统装在一只箱子里，想要找个合适的人代为保管。因为日记及书信涉及他早年与林徽因的一段情意，所以他不能将箱子交给与他刚开始恋爱的陆小曼；林徽因时与未婚夫梁思成在美国留学，即使在国内当然也不是合适人选。徐志摩想到了他的挚友凌叔华。自此，直至徐志摩去世，其间他取回过箱子，但不知何故，箱子最终还是交到了凌叔华手上。

凌叔华

徐志摩死后，因箱子里东西的内容

一说是凌叔华打开看过，又说是徐志摩对人讲过，总之大家都知道了其中有“康桥日记”。确实，“八宝箱”里除了遗稿和陆小曼的两册日记外，最重要的、也是日后引起争夺的便是两册或三册康桥日记。

这部日记记录了徐志摩与林徽因相识相知初期（即1921年1月以后一段时间）的一些事情。因为涉及自己，而且又是情感方面的隐私，林徽因当然在徐志摩死后有“物归原主”之感。不知出于什么目的，也许是她早就知道凌叔华不会轻易将“八宝箱”交出来，她并没有直接去找凌叔华，而是通过胡适。

作为徐志摩曾经的情人，林徽因知道徐志摩日记中涉及和她的情感的日记除了“康桥日记”，还有“雪池日记”（即记录了他俩在雪池住处的一段情感）。她告诉胡适，“雪池日记”后来被陆小曼烧掉了。而“康桥日记”，徐志摩曾经说过将来会交给她收藏。

相对于凌叔华，胡适与林徽因的关系要亲密得多，况且他对林徽因急于要回“康桥日记”的心情很是理解，又听林徽因说徐志摩生前也有此意，便也就热心地向凌叔华催要“八宝箱”。11月28日星期六早晨，林徽因如愿取回了“八宝箱”。此时距徐志摩死不到10天。

凌叔华对胡适出面为林徽因讨要“八宝箱”的行为有些不满。她在1982年10月15日给陈从周的信中这样说：“……在胡适家有一些他的朋友，闹着要求把他的箱子取出来公开，我说可以交给小曼保管，但胡帮着林徽因一群人要求我交出来（大约是林和他的友人怕志摩恋爱日记公开了，对他不便，故格外逼胡适向我要求交出来）。我说我应交小曼，但胡适说不必。他们人多势众，我没法拒绝，只好原封交与胡适。”

她说是“原封”，但林徽因收到“八宝箱”并经清点后，认为少了。她在给胡适的信中说：“由您处拿到一堆日记簿（有满的一本，有几行的数本，皆中文，有小曼的两本，一大一小，后交凌叔华由您收回），有两本英文日记，即所谓Cambridge日记者一本，乃从July31，1921起。

次本从 Dec 2nd（同年）起始，至回国止者，又有一小本英文为志摩1925 年在意大利写的。”

也就是说，“八宝箱”里遗留了对于林徽因来说最为关键的一段日记，即从 1921 年 1 月至 7 月。这正是徐、林两人产生情感的时段。为此，林徽因自然很着急地打听这段日记的下落。

1924 年，泰戈尔（右三）访华，林徽因（右二）和徐志摩（右一）等人欢迎接待

依林徽因的心理，她最怀疑的应该是凌叔华扣留了这段日记，但是，她也知道不能贸然质问凌叔华，毕竟这只是她自己的猜测。巧的是，正在这时，她听旁人说凌叔华的手上果然还有一本或两本徐志摩的“康桥日记”。之所以这么说，是有人看见凌叔华将日记拿出来给叶公超看过。

既然证实了自己的怀疑，林徽因自然是要向凌叔华讨要的。12 月 7 日，她去找凌叔华，以胡适让她将“八宝箱”里的东西编个目录为由，要求凌叔华交出剩余的那部分日记。据说凌叔华很有些不高兴。她不高兴的理由可能有二：一是她之前曾经问林徽因要过徐志摩的信件，作为日后写传或研究之用，也有意编辑《志摩信札》，但被林徽因拒绝了。所谓“你不仁我不义”，你能拒绝我的要求，我为什么不能？二是林徽因自始至终都打着胡适的牌子，好像此事与她自己无关，而全都是应胡适之请似的。不过，尽管凌叔华不高兴，但还是答应林徽因两天后到她家去取。

这样说来，凌叔华的确是扣留了部分康桥日记。

两天后，也就是12月9日，林徽因如约前往凌叔华家，却白跑一趟。凌叔华不在家，只留了一封信。信中说：“昨日遍找志摩日记不得，后捡自己当年日记，乃知志摩交我乃三本：两小，一大，小者即在君处箱内，阅完放入的。大的一本（满写的）未阅完，想来在字画箱内（因友人物多，加意保全）。因三四年中，四方奔走，家中书物皆堆叠成山，甚少机缘重为整理，日间得闲当细检一下，必可找出来阅。此两日内，人事烦扰，大约须此星期底才有空翻寻也。”

显然，凌叔华是不情愿交出日记的，尽管她的心情可以理解，但她的这个行为确实不够君子。

林徽因很生气，那是自然的，但她也无奈，只好又去拜托胡适。

胡适第二次出面协调后，12月14日林徽因终于从凌叔华那里取回剩余的日记。可是细细研读，发现中间还是少了一段，又正好是徐志摩遇到林徽因的前一两日。林徽因又急了，知道再去找凌叔华也是白搭，便第三次去求胡适。

在这件事上，胡适太热心了，又很明显地偏向林徽因。他于12月28日给凌叔华写了一封信，语气虽然婉转，但潜在的态度还是很坚决的。信中说：

昨始知你送在徽因处的志摩日记只有半册，我想你一定是把那一册半留下作传记或小说材料了。

但我细想，这个办法不很好。其中流弊正多。第一，材料分散，不便研究。第二，一人所藏成为私有秘宝，则徐人所藏也有各成为私有秘宝的危险。第三，朋友之中会因此发生意见，实为最大不幸，决非死友所乐意。第四，你藏有此两册日记，一般朋友都知道。我是知道的，公超与孟和夫妇皆知道，徽因是你亲自告诉她的。所以我上星期编的遗著略目，就注明你处存两册日记。昨天有人问我，我就说：“叔华送来了一大包，大概小曼和志摩的日记都在那里，我还没有打开看。”所以我今天写这信给你，请你把那两册日记交给我，我把这几册英文日记全付打字人打成三个副本，将来我可以把一份全的留给你做传记材料。

如此则一切遗留材料都有副本，不怕散失，不怕藏秘，做传记的人就容易了。

请你给我一个回信。倘能把日记交来人带回，那就更好了。

我知道你能谅解我的直言的用意，所以不会怪我。祝你好。

不能说胡适的这番话没有道理，甚至是极有说服力的。但是，因为他与林徽因的关系亲密于与凌叔华，因而对凌叔华便少了理解和宽容。一个研究者当然希望自己掌握着旁人不可知的第一手资料，不愿意公开手中的第一手资料，也是可以理解的。无论是林徽因，还是胡适，难道都没有这样的心理吗？林徽因不是不愿意将徐志摩的信交给凌叔华吗？当许多年后陆小曼为编《志摩全集》而向胡适讨要徐志摩写给他的信或其他资料时，他不是也不予理会吗？况且他难道不知道林徽因如此着急地要那残存的康桥日记的目的更多的是为了保护自己的情感隐私吗？她拿到日记后，会很大度地以徐志摩研究资料之名义公之于众吗？

凌叔华还是比较尊敬胡适的，尽管她有不愿意，但在接到胡适信之后，托人给胡适送去了日记，还附了封信。胡适在日记里，有详细记载。

1932年1月22日

读志摩（1921）的《康桥日记》，有一段云：

（以下是英文译成中文）

七十多年前，麦考利在他的日记里评论道：

现在，研究把意义弄得清楚明白的这种重要的艺术是如此之少！除了我本人，别的有名的作家很少思考这一点。许多人似乎把问题弄得越来越难理解。就某一方面而言，他们的确是对的；因为大多数读者非常信任那些晦涩难解的作家，而把那些表达清楚明了的作家看作是肤浅的。但是，请大胆些吧！想想二八五〇年吧，到那时，爱默生的著作不知道会在哪里？但是，人们仍然喜欢阅读希罗多德的著作。我们也必须尽最大努力做到这一点。

胡适经常被人讥评为行文不够深刻，他在《四十自述》里就此写道：“我的长处是明白清楚，短处是浅显。……我抱定一个宗旨，做文字必须要叫人懂得，所以我从来不怕人笑我的文字浅显。”也因此他在徐志摩死后一个月，读到徐志摩《康桥日记》里的这一段，顿生共鸣，因而写下感想：

这一条我最同意。可惜志摩不能回来和我重提这个我们不常常同意的问题了！

感慨完了以后，胡适在日记中提到了“半册日记”：

为了志摩的半册日记，北京闹的满城风雨，闹的我在南方也不能安宁。今天日记到了我的手中，我匆匆读了，才知道此中果有文章。

我查此半册的后幅仍有截去的四页。我真有点生气了。勉强忍下去，写信去讨这些脱页，不知有效否。

后面是今早还日记的原书。这位小姐到今天还不认错！

看来，胡适是真的很生气，他连“凌叔华”的名字也不愿意提了，而只以“这位小姐”代替。在这天的日记里，胡适粘贴了“这位小姐”的来信的原件。这封被胡适认为不肯认错的信这样写着：

适之：

外本璧还，包纸及绳仍旧样，望查收。此事以后希望能如一朵乌云飞过清溪，彼此不留影子才好，否则怎样对得住那个爱和谐的长眠人！

你说我记忆不好，我也承认，不过不是这一次。这一次明明是一个像平常毫不用准备的人，说出话（即偶然说一二句前后不相呼应的话，也为见好于人而已），行出事，也如平常一样，却不知旁人是有心立意的观察指摘。这备与未备分别大得很呢。算了，只当我今年流年不利了吧。我永远未想到北京风是这样刺脸，土是这样迷眼，你不留神，就许害一场病。这样也好，省得总依恋北京，即问你们大家好。

胡适的气在于凌叔华还是没有将剩余的日记全部交出，而是“仍有截去的四页”。但是，胡适日记从此再也没有相关记载。他又要回那四页了吗？凌叔华真的截去了四页吗？无从得知。

“一笔糊涂账”

至于胡适为什么会那么积极地三番四次向凌叔华讨要，胡适从来没有明说过。据凌叔华于1983年给陈从周的信中，这样自认为：“多半是为那时他热衷政治，志摩失事时，凡清华、北大教授，时下名女人，都向胡家跑。他平日也没机会接近这些人，因志摩之死，忽然胡家热闹起来，他想结交这些人物，所以得制造一些事故，以便这些人物常来。”

因为凌叔华是当事人，她的理解可能不免偏激。也许真正的原因，也不过是胡适与林徽因关系亲密，而热心过度罢了。

从情上讲，林徽因固然讨要日记也合情，凌叔华留中不发也合情，因为死者曾说日记将来要给前者收藏，因为死者也说过材料要留给后者为他作传的。所以，凌叔华是不应当被人指责的。胡适为林徽因出面，向凌叔华步步紧逼，理由是资源应当共享，也合情。于是，在这场“八宝箱”的争夺战中，每个人似乎都有一肚子委屈，却唯独没有人觉得这箱子以及箱中物品从法律上讲应该属于陆小曼。胡适生别人的气，却也不是为了将东西索还了交给死者遗孀。胡适尚且如此缺乏法律意识，何况他人。

除却“八宝箱”里的两册陆小曼日记，胡适从凌叔华那里取回后的确交还给了陆小曼，但“八宝箱”里的其他徐志摩的遗物，难道与陆小曼无关吗？作为死者徐志摩生前唯一合法的妻子，陆小曼才是徐志摩遗物的唯一合法继承人。“八宝箱”理应归属陆小曼。

据林徽因说徐志摩生前说过要将“康桥日记”交由她收藏。如果说这是徐志摩为《康桥日记》作的法律意义上的处分的话，林徽因就负有举证之责。但目前看来，这种说法也只是林徽因自己所说，并不具法律效力。

凌叔华说徐志摩将“八宝箱”交由她保管，的确有事实证明。因为“八宝箱”确实在凌叔华的手上。也就是说，徐志摩已经将财产转移。但是，“保管”不意味着物的所有权的转移，而只是某种特定条件下的占有。当此条件丧失，占有也就成为不合法。

徐志摩和陆小曼

因而，徐志摩生前的这些行为都不意味着剥夺了陆小曼的继承权。

也许凌叔华意识到了这个问题，所以她在1982年和1983年几次给陈从周的信中，都强调她曾经嘱咐胡适要将“八宝箱”里的东西交给陆小曼，但都被胡适所拒。在1982年的信中，她说：“我说我应交小曼，但胡适说不必。”在1983年的信中，她又说：“我回信给胡适，说我只能把八宝箱交给他，要求他送给陆小曼。……只能交与他的家属如小曼，别人是无权过问的。”

按照胡适规劝凌叔华交出日记时所列举的理由，“八宝箱”中徐志摩的遗物应当公开以便于大家研究，比如或编“徐志摩全集”，或作“徐志摩传”。但事实是，林徽因在得到“八宝箱”后给胡适的信中，却说“……所我意见看来，此几本日记，英文原文并不算好，年轻得利害，将来与他‘整传’大有补助处固甚多，单印出来在英文文学史上价值并不太多（至少在我看到那两本中文字比他后来的作品书札差得很远），并且关系人个个都活着，也极不便，一时只是收储保存问题。……‘传’不‘传’的，我相信志摩的可爱的人格永远会在人们记忆里发亮的，暂时也没有赶紧的必要。”

一句话，她不想将徐志摩的日记公开。这也就难怪几年后，陆小曼想编《志摩全集》却难以为继。梁实秋曾在《谈徐志摩》一文中提到“全集”难产的原因时，说：“听说，志摩有一大堆文字在林徽因手里，又有一大堆在另外一位手里，两方面都拒不肯交出。”他所说的“另外一位”可能指“凌叔华”。但是，凌叔华手里真的还有“一大堆”吗？难道除了胡适所认为的那“截去的四页”，还有别的吗？又无从知晓。

对林徽因对待这批志摩日记的处理态度，未见胡适有何看法。显然，林徽因当初在徐志摩尸骨未寒之时就迫切地向凌叔华追要康桥日记，很大程度上是不想让更多的人知道她当年与徐志摩的一段情。不过，她对此表示否认。她在给胡适的信中，这样说：“实说，我不会以诗人的美谀为荣，也不会以被人恋爱为辱。我永远是‘我’，有过一段不幸的、曲折的旧历史也没有什么可羞惭……”

然而，事实是，她“收藏”了徐志摩的这些日记，并且始终未让它们再见天日。她的心情是可以理解的，但对于其他研究者来说，她的行为不免自私。因为这些珍贵的资料，后来听说可能在林徽因死后，由她的家人销毁了。从这个角度上说，也是对死者徐志摩的不负责任。

“八宝箱”风波是是非非，众说纷纭，莫衷一是，卞之琳称之为“一笔糊涂账”。